Peter Kummer

Ich will
Ich kann
Ich werde!

Peter Kummer

Ich will
Ich kann
Ich werde!

Die hohe Schule
des konstruktiven Denkens

Mit einem Vorwort
von Dr. Jean Murphy

Die Deutsche Bibliothek – CIP-Einheitsaufnahme

Kummer, Peter:
Ich will, ich kann, ich werde: die hohe Schule des konstruktiven Denkens /
Peter Kummer. – 3. Aufl. – Landsberg am Lech : mvg-verl., 1997
  (mvg-Paperbacks ; 537)
  ISBN 3-478-08537-3
NE: GT

3. Auflage 1997

Das Papier dieses Buchs wird möglichst umweltschonend hergestellt und
enthält keine optischen Aufheller.

Umschlaggestaltung: Gruber & König, Augsburg, und Wolfgang Heinzel
Satz: Schaber Satz- und Datentechnik, Wels
Druck- und Bindearbeiten: Presse-Druck Augsburg
Printed in Germany 080537/89782
ISBN 3-478-08537-3

»Niemand weiß, wie weit seine Kräfte gehen,
bis er sie versucht hat.«

JOHANN WOLFGANG VON GOETHE

»Der Mensch lebt weit unter
seinen Fähigkeiten.
Er verfügt über Kräfte verschiedenster Art,
die er in den meisten Fällen gar nicht
mobilisiert.«

DALE CARNEGIE

Dank

Dieses Buch möchte ich gerne all den Menschen widmen, die mir immer wieder per Post, aber auch mündlich in meinen Vorträgen und Seminaren bestätigen, wie ungeahnt hilfreich und erfolgsorientiert die Arbeit mit dem positiv-konstruktiven Denken ist. Diejenigen, die die empfohlenen geistigen Techniken täglich anwenden und ganz konsequent damit arbeiten, ermuntern und motivieren auch mich selbst immer wieder aufs neue und liefern mir nicht zuletzt durch ihre aktuellen Beispiele wiederum neuen Stoff, um meine Bücher, Vorträge und Seminare mit den vielfältigsten Beispielen zu bereichern. Schon in der Bibel steht: »An ihren Früchten sollt ihr sie erkennen.« Früchte kann aber nur der ernten, der nicht nur über das Pflanzen von Bäumen philosophiert, sondern der zupackt und etwas tut. Ich freue mich deshalb ehrlichen Herzens über Sie alle, die Sie ganz praktisch mit diesen uralten Techniken von Affirmation und Imagination arbeiten, und ich möchte Ihnen an dieser Stelle ganz besonders für Ihre wertvolle Mitarbeit am Entstehen dieses Buches danken.

Herzlichst Ihr
Peter Kummer

Inhalt

Mr. Peter Kummer's newest book is a practical guide to improved living, an illumined approach to realizing the talents and powers within yourself. "I Can, I Want, I Shall Do" is a text with a specific and concrete program for creating a personal agenda to attain the goals you wish to accomplish.

As in his previous best-selling books, Mr. Kummer writes with the clarity, power and zeal of one who has successfully applied in his own life experiences the mental and spiritual principles interpreted and expounded by the late Dr. Joseph Murphy. Any individual who desires to know more about his or her innate abilities and to achieve a better, more fulfilling way of life, will find this book enlightening and invaluable.

Jean L. Murphy
(Mrs. Joseph Murphy)

Laguna Hills, California
June 1994

Vorwort

Mr. Peter Kummers neuestes Buch ist ein praktischer Leitfaden zu einem besseren Leben, ein erleuchteter Zugang zum Nutzbarmachen Ihrer inneren Talente und Kräfte. »Ich will, Ich kann, Ich werde« ist ein Text mit einem spezifischen und konkreten Programm für die Erstellung einer persönlichen Tagesordnung, um die gewünschten Vorhaben zu erreichen.

Wie in seinen vorherigen Bestseller-Büchern, schreibt Mr. Kummer mit der Klarheit, der Kraft und dem Eifer eines Menschen, der die mentalen und spirituellen Prinzipien, wie sie von dem verstorbenen Dr. Joseph Murphy interpretiert und dargelegt wurden, in seinem eigenen Leben erfahren hat. Jeder einzelne, der sich wünscht, mehr über seine wesenseigenen Fähigkeiten zu erfahren, um ein besseres, erfüllteres Leben führen zu können, wird dieses Buch aufschlußreich und von unschätzbarem Wert finden.

Jean L. Murphy
(Mrs. Joseph Murphy)

Laguna Hills, California
Juni 1994

Prolog

Heute ist der erste warme Maitag in diesem Jahr. Ich sitze gerade auf meiner Terrasse und genieße es, wieder einmal ohne Pullover im Freien sitzen zu können. Während ich so über die Felder mit dem noch jungen grünen Getreide – das sich ganz gelassen im Winde wiegt – blicke, denke ich wieder einmal darüber nach, wie viele große und kleine Leute sich auf dieser Welt schon seit vielen Jahrhunderten tiefschürfende Gedanken über das Leben im allgemeinen und über die Zusammenwirkung von Bewußtsein und Unterbewußtsein im speziellen gemacht haben.

Ich denke deshalb darüber nach, weil meine Frau mir vor etwa drei Wochen ein Buch schenkte, das von der ersten bis zur letzten Seite ausschließlich mit Zitaten, Versen, Prosa und anderen tiefsinnigen Lebensweisheiten angefüllt ist. Dieser ziemlich dicke Wälzer lag – wahrscheinlich versehentlich – in der Ramschkiste einer der größten Buchhandlungen Stuttgarts, und meine Frau entschloß sich kurzerhand, ihn für mich zu kaufen.

Ich hatte mir schon seit Wochen immer wieder Gedanken darüber gemacht, wie ich mein drittes Buch angehen und gestalten könnte, und eben dieses Geschenk brachte mich dann auf die richtige Idee.

Viele von uns, die sich mit dem positiven beziehungsweise konstruktiven Denken schon länger befassen, kennen sie doch fast alle, die großen Autoren von gestern und heute, wie beispielsweise Dr. Joseph Murphy, Napoleon Hill, W. Klement Stone, Norman Vincent Peale, K. O. Schmidt, Donald Curtis, Emmet Fox, Ernest Holmes, Chris Griscom, Shakti Gawain und viele andere mehr. Ihre Bücher haben viele Leser doch deshalb geradezu verschlungen, weil diese Autoren es verstanden, uns in einer verständlichen Sprache über Ursachen und Zusammenhänge von Ereignissen in unserem Leben aufzuklären, wie wir sie bisher noch nie gesehen hatten und denen wir deshalb gerne den Namen »Zufall« gegeben haben.

Waren und sind es aber wirklich nur ein paar tausend Menschen, die sich mit der Philosophie des konstruktiven Denkens beschäftigen, oder ist dies ebenfalls lediglich die Spitze eines Eisberges, der ja bekanntlich nur zu einem sehr kleinen Teil an der Wasseroberfläche sichtbar wird? Gab oder gibt es darüber hinaus nicht noch eine große Anzahl von Menschen, die über diese Zusammenhänge schon in früheren Jahrhunderten ebenfalls sehr gut Bescheid wußten und die vielleicht auch danach lebten, ohne allerdings das Bedürfnis gehabt zu haben, darüber ein Buch zu schreiben?

Als ich begann, mich mit der eingangs erwähnten Zitatensammlung näher zu beschäftigen, fiel mir sehr schnell auf, daß neben den Herren Goethe, Schiller, Nietzsche, Kleist, Shakespeare, Wilde, Grillparzer, Morgenstern und Shaw – um nur einige der bekanntesten zu nennen – viele andere, mir teilweise unbekannte Autoren ebenfalls sehr weise und tiefgründige Aussagen gemacht haben, die mittel- oder unmittelbar mit der Idee des konstruktiven beziehungsweise positiven Denkens als Lebenshilfe schlechthin in Verbindung stehen. Die fast achthundert Seiten des erwähnten Buches (»Hausbuch der Zitate und Weisheiten«, Moewig-Verlag, Rastatt) waren für mich eine wahre Fundgrube für neue Erkenntnisse und Ideen, und deshalb habe ich mich dazu entschlossen, in diesem Buch einige der wichtigsten dieser Weisheiten zu zitieren und ihren tieferen Sinn im Zusammenhang mit Gegebenheiten, Beispielen und Geschichten, die andere oder ich erlebt haben, zu erläutern.

All diese Zitate sind nämlich bestens geeignet, um als Leitsprüche für unsere tägliche Arbeit herangezogen zu werden und uns zu helfen, ob dies im Auto, am Schreibtisch oder auch vor dem Spiegel im Badezimmer ist. Sie können uns tagtäglich aufs neue motivieren und inspirieren, sowohl als laut gesprochene Affirmationen (Bejahungen) bei unserer täglichen Arbeit mit dem Unterbewußtsein als auch als Motivationshilfen, für die wir immer dann besonders dankbar sind, wenn es uns einmal nicht ganz so gutgeht.

Ich hoffe, Sie haben mit diesen kleinen Sprüchen und Zitaten genausoviel Spaß wie ich, als ich sie las, und deshalb wünsche ich Ihnen viel Vergnügen bei diesem – wie ich hoffe – für Sie sehr aufschlußreichen Buch.

1. Kapitel

Dieses Buch ist für Sie geschrieben

»Alles nimmt ein gutes Ende
für den, der warten kann!«

Leo N. Tolstoi

Dieses »Arbeitsbuch« spricht keinen speziellen Leser-kreis und keine bestimmte Gruppe von Leuten an, es ist vielmehr – wie ich meine – für jeden interessant, weil es ganz klare und praktikable Lösungen für fast alle Lebenssituationen anbietet. Unser Unterbewußtsein ist immer bemüht, uns zu helfen, egal, ob jemand sein Leben gesünder, glücklicher, erfolgreicher oder einfach nur interessanter gestalten will, ob er eine gute Partner-schaft sucht oder vielleicht Trauer und Depressionen aus seinem Leben vertreiben, ob er abnehmen, nach einer schweren Krankheit wieder auf die Beine kommen will oder gar einen neuen, lukrativeren Arbeitsplatz sucht. Meine Absicht ist es, den interessierten Leser mit diesem Buch darauf aufmerksam zu machen, wie er all die Pro-bleme, die er heute als unangenehm empfindet, selbst irgendwann einmal gezielt und willentlich auf sich gezo-gen hat, auch wenn ihm dies damals überhaupt nicht be-wußt war. Wer aber die Gesetze des Geistes kennt, der kann sich darauf einstellen, und darum geht es mir im Folgenden, nämlich darüber aufzuklären, wie menschli-che Probleme entstehen, um diese bereits im Keim er-kennen zu können und eine Lösung dafür zu finden.

Zufälle existieren nicht

Der Millionenerfolg eines Dr. Joseph Murphy mit seinem Bestseller »Die Macht Ihres Unterbewußtseins« (Ariston Verlag, Genf) bildete die Basis für dieses Buch. Unglück, Pech, Krankheiten und vor allem der von uns so gerne zitierte »Zufall« haben wie alles in der Natur aber einen Keim, eine Wurzel und können sehr leicht ins Positive umgewandelt werden, noch bevor sie in der Lage sind, Leid oder Unheil auszulösen. Das eigene Leben bewußt steuern zu können, Erfolg und Glück ganz generalstabsmäßig zu planen und seine Talente und Fähigkeiten aus den tiefsten Tiefen des Unterbewußtseins abzurufen und im realen Leben anzuwenden, das alles ist leicht und mühelos für jeden möglich und machbar, der den Empfehlungen dieses Buches ganz konsequent nachkommt. Bewußtsein und Unterbewußtsein sind nämlich wie zwei gute Freunde, die zusammen durch dick und dünn gehen.
Die meisten Menschen kennen aber meist nur die Funktionsweise des kleineren dieser beiden Freunde, nämlich die des Bewußtseins. Durch dieses Teilwissen aber begehen sie, ohne es zu ahnen, ständig den fatalen Fehler, sich, im übertragenen Sinne, in ein Segelboot ohne Ruder und Navigator zu setzen, und in ihrer Ignoranz glauben sie obendrein auch noch, völlig problemlos ohne diese beiden sehr wichtigen Steuerhilfen durch die teilweise stürmische See des Lebens »schippern« zu können. Das Wachbewußtsein beziehungsweise unser Verstand wurde uns von der Schöpfung gegeben, um zu beurteilen, abzuwägen und Entscheidungen zu treffen. Das Unterbewußtsein dagegen ist diejenige Instanz, die das zuvor im Bewußtsein Beschlossene letztendlich auszu-

führen und zu verwirklichen hat, was die meisten Menschen aber nicht wissen. In dieser Funktion ist und handelt das Unterbewußtsein aber sehr, sehr eigen, es wägt nämlich selbst überhaupt nicht ab, ob das, was ihm der Chef – also das Bewußtsein – zur Verwirklichung in Auftrag gegeben hat, positiv oder negativ ist, es handelt ganz stur nach dem Motto jeder Armee dieser Welt, das da lautet: Befehl ist Befehl!

Wenn Sie selbst einmal beim Militär gewesen sind, dann wissen Sie aber auch, daß nicht jedes Wort eines Vorgesetzten gleichzeitig ein Befehl sein muß, und Sie können sehr wohl zwischen Small talk und Befehl unterscheiden. Wenn Sie beispielsweise Ihrem vorgesetzten Offizier auf der Straße begegnen und er Ihnen einen guten Tag wünscht, so ist das kein Befehl; wenn er Sie dagegen in seinem Büro strammstehen läßt und verkündet: »Meier II, Sie sind heute von 20.00 – 24.00 Uhr zur Wache eingeteilt«, so müssen Sie dieser Aufforderung natürlich Folge leisten, um einer Bestrafung wegen Befehlsverweigerung zu entgehen. Ähnlich verhält es sich auch mit Bewußtsein und Unterbewußtsein; nicht jeder Gedanke, den Sie eben mal grob streifen, wird von Ihrem Unterbewußtsein umgesetzt. Nein, das Unterbewußtsein ist so programmiert, daß es nur auf zweierlei Arten von Gedanken mit Verwirklichung reagiert und damit beginnt, diese kommentarlos umzusetzen. Dabei handelt es sich um:

1. Ständig wiederkehrende Gedanken.
2. Gedanken, die mit Gefühlen beziehungsweise mit Emotionen einhergehen.

Meist sind es aber gerade die ständig wiederkehrenden Gedanken, die mit Gefühlen aller Art, aber auch mit Emotionen ganz unmittelbar gekoppelt sind. Dazu folgendes Beispiel: Ein zwanzigjähriger Student lernt ein junges Mädchen kennen und verliebt sich in sie. Er kann in den folgenden Nächten deshalb kaum schlafen, ißt weniger als zuvor und ist in den Vorlesungen unkonzentriert und nervös, weil er ständig nur an seine Angebetete denkt und daran, wie er sie erobern kann. In seinem Inneren, also seinem Geiste, bebildert er ständig Szenen dessen, was er mit ihr zu erleben wünscht. Er läßt sich in dieser Imagination (Verbildlichung) von ihr sagen, welch toller und cooler Typ er ist und daß sie ausschließlich mit ihm zusammensein möchte. Gehen wir außerdem davon aus, daß das umschwärmte Mädchen ebenfalls frei und ungebunden ist und sich ihrerseits auch einen Freund wünscht. Wenn der junge Mann nun seinen Wunsch immer mehr vertieft und sich durch nichts von seinem Ziel abbringen läßt, wenn er also sein Unterbewußtsein veranlaßt, sein inneres Wunschbild im realen Leben zu materialisieren, dann wird er in absehbarer Zeit die Erfüllung seines Traumes erfahren.

Was passiert also? Der junge Mann hat sein Unterbewußtsein durch ständige Wiederholung bestimmter Bilder unter Beigabe der Gefühle Liebe und Sehnsucht beauftragt, diesen gewünschten oder vorgestellten Zustand der glücklichen Zweisamkeit zu verwirklichen, und das Unterbewußtsein setzt das so »Befohlene« völlig neutral und unbeirrt um, indem es vielleicht ein sogenanntes »zufälliges« Zusammentreffen mit jener Angebeteten in der U-Bahn, der Disco oder auf der Straße arrangiert.

Alles muß erst wachsen

Wie die Natur, so hat aber auch das Unterbewußtsein bestimmte Wachstumsphasen. Die Verwirklichung eines jeden Herzenswunsches, sei er nun materieller oder – wie im Falle des Studenten – immaterieller Natur, braucht eine Zeit des »Wachstums«, bis das Unterbewußtsein ihn letztendlich verwirklichen kann. Wer vorher aufgibt oder sich sagt: »Dieses Mädchen werde ich nie bekommen«, wird dadurch den Entwicklungsprozeß negativ beeinflussen beziehungsweise ihn rückgängig machen, weil jetzt im Unterbewußtsein auf einmal die Energie der Angst und des Zweifels vermittelt und deshalb der Verwirklichungsprozeß jäh gestoppt wird.

Wenn Sie einen Apfelbaum pflanzen und diesen über viele Jahre hinweg hegen und pflegen, dann wird er irgendwann einmal zu blühen beginnen und einige Zeit später auch Äpfel tragen. Wenn Sie ihn aber – weil Sie kein Vertrauen in die Naturgesetze haben – einen Monat, bevor die ersten Blüten kommen, fällen, weil Sie sich sagen: »Der blüht ja sowieso nie!«, dann haben Sie den Entwicklungsprozeß umgekehrt und sich jede Chance genommen, Ihren lange gehegten Traum, einmal Äpfel von diesem Baum ernten zu können, zu verwirklichen.

Alles wächst aus einem Samen

Wir Menschen sind ebenfalls ein Teil der Natur und deren Gesetze, und genauso wie die Natur aus einem Samen eine Frucht bildet und sie greifbar und dreidimensional hervorbringt, so können wir Menschen aus einem Gedankensamen ebenfalls greifbare, dreidimensionale Dinge erschaffen mit Hilfe der unendlichen Macht unseres Unterbewußtseins.

Gleichwohl kann aber die Natur aus einem Apfelkern nur einen Apfelbaum und keinen Orangenbaum wachsen lassen, und deshalb können auch wir nicht an finanzielle oder gesundheitliche Mängel denken, ständig daran festhalten und das Gegenteil, nämlich Glück, Wohlstand und Gesundheit hervorbringen, weil dies eben gegen die Gesetze der Natur ist. Jene Mangel- und Furchtgedanken, die wir durch unser Denken ständig in das Leben hineinprojizieren, sind nämlich genau die Samen, aus denen unser Unterbewußtsein dann Unglück, Krankheiten und finanzielle Verluste materialisiert, weil es eben nicht abwägen kann, sondern einzig und allein die Aufgabe hat zu verwirklichen. Wer also ständig Angst, Zweifel, Armut, Mißgunst und Haß programmiert, indem er diese Gefühle ebenso bebildert wie unser zwanzigjähriger Student dies im positiven Sinne bezüglich seiner Angebeteten getan hat, darf sich nicht wundern, wenn diese Saat einmal aufgehen und saure bzw. giftige Früchte hervorbringen wird. Was macht denn ein in den Boden gesenkter Apfelkern? Er vervielfältigt sich zu Hunderten von Äpfeln, und das ist auch die Ursache, warum alles, was Sie geistig aussenden, denken oder sprechen, völlig egal, ob positiv oder negativ, stets verstärkt und vervielfältigt zu Ihnen zurückkommt, denn das Unterbewußtsein verstärkt und multipliziert immer, nichts anderes ist seine Aufgabe.

Ohne eine gewisse Selbstdisziplin geht nichts

Das Unterbewußtsein kann zum Beispiel auch sehr gut mit einem Bankkonto verglichen werden; egal, ob Sie im Soll oder im Haben sind, das Geld wird sich in jedem Falle durch die aufgelaufenen Zinsen vervielfältigen, nur daß Sie dies ärmer macht, wenn Sie im Soll stehen, und reicher, wenn Sie im Haben angesiedelt sind.

Bleiben wir bei diesem Beispiel. Wir wissen alle, daß es einer klaren Entscheidung und eines gewaltigen Willens bedarf, ein ins Soll abgerutschtes Bankkonto wieder ins Haben zurückzuführen, und ebenso verhält es sich mit unseren Negativprogrammierungen im Unterbewußtsein. Es genügt einfach nicht, sich kurzfristig umzuprogrammieren, sondern es bedarf einer klaren, nachhaltigen und deutlichen Entscheidung, etwas grundlegend verändern zu wollen sowie eines eisernen Willens, den einmal eingeschlagenen Weg der positiven Umprogrammierung auch kompromißlos durchzuhalten.

Nur das »Tun« ist wichtig

Im Laufe dieses Buches werde ich Ihnen deshalb von vielen und unterschiedlichen Menschen berichten, die diesen Weg der eigenen Umprogrammierung sehr erfolgreich gegangen sind, und ich werde Ihnen auch aufzeigen, wie und auf welche Weise diese Menschen ihre Ziele letztendlich erreicht haben und wie sie ihr Leben und die dazugehörigen Umstände ins Positive umgewandelt haben. In allen Fällen war es aber ausnahmslos nur das »Tun«, das konsequente Anwenden des Wissens über die Gesetzmäßigkeiten des menschlichen Geistes und der Techniken des konstruktiven Denkens, was letzten Endes die positive Wende gebracht hat. Mit Labilität, Faulheit und Selbstmitleid hat es noch niemand geschafft, denn die Naturgesetze des Denkens, Handelns und Glaubens kann Gott sei Dank kein Mensch außer Kraft setzen und manipulieren. Wichtig ist zu verstehen, daß wir, wenn wir einen Schuldigen für irgend etwas suchen, immer zuerst in den Spiegel schauen, denn nur dort finden wir ihn.

2. Kapitel

Die Natur, unser großes Vorbild

»Jede Geburt ist eine Wiedergeburt.«

WILHELM BUSCH

Wieder will ich die Natur als Beispiel heranziehen, um Ihnen das Zusammenwirken von Bewußtsein und Unterbewußtsein und die absolute Notwendigkeit dieser beiden wichtigen Instanzen für uns und unser Leben zu verdeutlichen.

Beobachten Sie beispielsweise einen bestimmten Baum über einige Jahre hinweg, wie er mit der größten Selbstverständlichkeit im Frühjahr neue, junge Blätter wie auf ein geheimes Kommando sprießen läßt und sie im Herbst wieder von den Ästen löst, indem er die Säfte zurück in seinen Stamm zieht. Wie stolz stellt der Farn im Wald ebenfalls über die Sommermonate hinweg seine Blätter zur Schau, und wie harmonisch zieht er seine Kräfte dann wieder in die Wurzeln zurück, wenn die kalte Jahreszeit naht. Sowohl die Blätter des Baumes als auch die Wedel des Farns sowie viele andere Pflanzen unterliegen dieser Gesetzmäßigkeit der Natur. Die saftlosen, braunen Blätter werden vom Herbstwind abgerissen, flattern zu Boden, um im Lauf der Zeit zu verrotten und wieder zu Erde zu werden. Die Kraft, die diese Blätter aber einst durchpulst hat, liegt nicht tot und verwelkt auf dem Waldboden, sie hat sich nur von ihrer dreidimensionalen Form, dem Blatt, getrennt und sich in den

Stamm oder in die Wurzel zurückgezogen, um im nächsten Frühling wieder den neuen Knospen und später den neuen Blättern für mehrere Monate Kraft und Leben zu verleihen. Ein ständiger Kreislauf also von Neubeginn und Zerfall. Ebenso verhält es sich mit uns Menschen, auch wir verlassen in der Stunde unseres Todes unseren Körper, um – wie sich Dr. Murphy ausdrückte – in die nächste Dimension, einen neuen, feinstofflichen Lebensraum einzutreten. Unser physischer Körper zerfällt wie die Blätter im Wald, aber die Kraft, die unseren Körper einmal beseelt hat, lebt weiter.

Wir Menschen aber bezweifeln oft sehr leidenschaftlich, daß diese Vorgänge und Gesetze auch für uns gelten, in der Natur dagegen erkennen wir sie ohne weiteres an. Nun, woran liegt das? Diese Frage ist einfach zu beantworten: Im Moment der Geburt verliert die Seele das Erinnerungsvermögen an vorangegangene Leben in der feinstofflichen Dimension, aus der wir wieder in einen physischen Körper inkarnieren, und im Moment des Todes umgekehrt die Existenz und die Wertbegriffe dieses körperlichen, grobstofflichen Daseins. Auf diese Art und Weise haben wir schon viele Leben gelebt, sowohl in geistigen wie auch in physischen Körpern. Das neue Blatt am Baum erkennt ja auch nicht seinen Vorgänger, der am Waldboden unter Tausenden von abgefallenen Blättern liegt. Solange wir aber in dieser dreidimensionalen Welt leben, sind wir so unendlich körperorientiert, daß es das Vorstellungsvermögen unseres Bewußtseins total übersteigt, irgendwann einmal feinstofflich und ohne unseren gewohnten Körper sein und wirken zu können. Und das ist auch gut so.

Dazu ein Beispiel. Sie brechen, während Sie mit Ihrer Familie einen Winterspaziergang machen, ein Stück Eis aus einem gefrorenen See. Nehmen wir an, dieser Eisbrocken hätte etwa die Größe eines Tennisballes. Sie könnten damit problemlos eine Fensterscheibe einwerfen oder sogar einen Menschen verletzen, so hart und scharfkantig ist das Stück Eis. Nun nehmen Sie diesen Eisbrocken mit nach Hause und legen ihn in einen Kochtopf, den Sie dann auf dem Herd erhitzen. Binnen weniger Minuten haben Sie nur noch Wasser. Dieses Wasser können Sie bereits nicht mehr greifen, es zerfließt zwischen Ihren Fingern, und verletzen können Sie mit dem lauwarmen Wasser auch niemanden mehr. Wenn Sie nun die Temperatur der Herdplatte höher stellen, dann wird der Topf nach einigen Minuten völlig leer sein und das Wasser, das Ihnen vorher durch die Finger lief, hat sich als Dampf an Schränken, Fenstern und Wänden der Küche niedergeschlagen. Diesen Dampf können Sie weder greifen, geschweige denn jemanden damit verletzen. Wenn Sie nun auch noch das Fenster öffnen, ist der ganze Spuk in wenigen Minuten vorbei. Die Küche ist wieder trocken, und nur der leere Topf auf der inzwischen erkalteten Herdplatte ist stummer Zeuge des eben abgelaufenen Vorganges.

Eis steigt in die Luft

Was ist geschehen? Mittels Veränderung der Temperatur im Umfeld dieses Eisbrockens, mit dem Sie vor einer Stunde jemanden hätten verletzen können, haben Sie diesen völlig verschwinden lassen. Ist er aber wirklich verschwunden? Nein, das ist er nicht. Genau die gleiche Menge Energie, die Sie als Eis aus dem See herausgebrochen haben, ist nun – allerdings wieder in feinstofflicher Form, als feuchte Luft – in der Atmosphäre, in der sie höher und höher steigt, um irgendwann und irgendwo einmal wieder als Regen oder Schnee auf die Erde zurückzukommen; und sollte dies im Winter sein, so wird er vielleicht wieder zu Eis gefrieren.

Ich möchte an dieser Stelle ausdrücklich betonen, daß dies kein Buch über Reinkarnation ist, aber diese Zusammenhänge sollten Sie einfach kennen, wenn Sie begreifen wollen, wie einfach und problemlos unser Unterbewußtsein verwirklichen und materialisieren kann, eben weil es nicht körperorientiert ist und uns durch alle Phasen unseres ewigen Lebens als Versorgungs- und Schutzinstrument begleitet.

Wenn Sie sich aber speziell über Sterbeforschung, Reinkarnation und ähnliches informieren möchten, so empfehle ich Ihnen im folgenden einige Bücher, die diese Probleme gezielt behandeln. Es würde den Rahmen dieses Buches sprengen, wenn ich selbst näher darauf eingehen wollte.

– Elisabeth Kübler-Ross:
»Verstehen, was Sterbende sagen wollen«
»Reif werden zum Tode«
»Lernen, wie wir Abschied nehmen« (alle Kreuz Verlag, Stuttgart)
– Raymond M. Moody:
»Leben nach dem Tod«
»Nachgedanken über das Leben nach dem Tod«
»Das Licht von drüben«
»Leben vor dem Leben« (alle Rowohlt Verlag, Reinbek)
– William Mac Intosh:
»Den Tod überleben« (Bauer Verlag, Freiburg)
– Jane Roberts:
»Gespräche mit Seth«
»Die Natur der Psyche«
(alle Ariston Verlag, Genf)

Unser Unterbewußtsein ist also, wenn Sie so wollen, nicht von dieser Welt, und deshalb kennt es auch keine Begrenzung und wird deshalb auch alles, was wir glauben, woran wir festhalten und von dem wir felsenfest überzeugt sind, für uns realisieren. Ganz egal, was es ist, wenn Sie es in Ihrem Leben unabdingbar und fest erwarten, wird es auch zu Ihnen kommen. Deshalb sind wir alle unseres eigenen Schicksals Schmied, und einmal ganz ehrlich: Ist dies nicht eine wunderbare Sache?

Ronald heilte sich selbst von Rückenschmerzen

Ein junger Mann namens Ronald hatte ständige Rückenschmerzen, weigerte sich aber, zu einem Arzt zu gehen. Im Laufe der Zeit gingen ihm die Schmerzen so sehr an die Substanz, daß er sich entschloß, nachdem er ein Buch über Imagination gelesen hatte, selbst etwas für sich zu tun, um diese Pein wieder loszuwerden. Zunächst besprach er eine Endlos-Tonbandcassette mit folgender Suggestion: »Alle Heilkräfte meines Körpers konzentrieren sich nun auf die Stelle in meinem Rücken, wo sich mein Problem befindet. Heilendes Licht fließt konzentriert zur Wurzel meines Problems und löst dieses völlig auf. Ich danke der unendlichen Intelligenz in mir für diese wunderbare Heilung.«
Diesen Text hörte er sich mehrmals täglich mit geschlossenen Augen völlig entspannt mehrere Minuten an. Dabei stellte er sich bildhaft vor, wie Handwerker in seinem Rücken Schrauben und Muttern festzogen, Stahlfedern installierten, die Muskelstränge, die er sich als Drahtseile vorstellte, festzurrten und seinen Rücken so

neu stabilisierten. Dies tat er vier Wochen lang jeden Tag ganz konsequent, und nach Ablauf dieser Zeit waren seine Rückenschmerzen völlig verschwunden. Als wir uns bei unserer Begegnung auf einem meiner Aktivseminare im Jahr 1993 darüber unterhielten, sagte er zu mir: »Ich weiß genau, woher die Schmerzen kamen; ich spielte Handball in einer Halle mit einem starren Betonboden, und mehrere meiner Kameraden, die wegen ähnlicher Schmerzen beim Arzt in Behandlung waren, mußten deshalb mit dem Handballspielen aufhören. Ich wußte, welche Diagnose mich erwartete, aber meine Liebe zum Handball ist so groß, daß ich mir gesagt habe: Wenn mein Unterbewußtsein mich zu diesem Verein, zu dieser Halle geführt hat, dann weiß es auch, wie es meinen Körper auf diese Gegebenheiten einstellen muß!«

Eines Nachts, so fuhr er fort, erhielt er von seinem Unterbewußtsein die Antwort auf seine Bejahungen mittels eines Traumes. Er sah Stahlarbeiter, wie sie auf der Golden-Gate-Brücke in San Francisco Schrauben an den Stahlkonstruktionen nachzogen, und er sah, wie einer dieser Arbeiter einem Kameraden einige Schrauben an dessen Rücken nachzog – wie bei einem Roboter. Deshalb wandte er genau diese Methode bei seiner Verbildlichung und Bejahung an, denn er war davon überzeugt, daß dieser Traum die Antwort seines Unterbewußtseins auf seine Frage bezüglich der Genesung war. Der Rücken hat darauf reagiert, und heute ist er seit mehr als zehn Jahren schmerzfrei und spielt nach wie vor Handball, allerdings seit zwei Jahren auf einem federnden Parkettboden, denn der Verein hat zwischenzeitlich eine neue, größere und modernere Halle gebaut. Sie können sich immer mit einer Frage an Ihr Unterbewußtsein wenden, wenn Ängste oder Probleme auftauchen.

Ein wichtiger Appell an Sie

Lassen Sie mich zum Schluß dieser Geschichte einen ganz dringenden Appell an Sie richten: Wenn Sie Schmerzen oder gesundheitliche Probleme haben, dann suchen Sie bitte in jedem Fall einen Arzt auf, der Ihnen hilft, und unterstützen Sie diesen mittels geistiger Arbeit in seinen Bemühungen, Sie zu heilen, mit ebensolchen positiven Suggestionen, Bejahungen und Imaginationen. Machen Sie aber – und dies betone ich nochmals ausdrücklich – keine riskanten Alleingänge. Sie können den Versuch machen, ein häßliches Hühnerauge wegzudenken, einen harmlosen Schnupfen oder eine Warze, aber bitte denken Sie immer daran, daß noch nie ein Meister vom Himmel gefallen ist und daß der Weg zum Arzt Ihres Vertrauens noch so lange notwendig ist, bis Sie vielleicht einmal ein solcher Meister sind. Legen Sie aber ganz besonderen Wert auf die Bezeichnung »Arzt Ihres Vertrauens« und suchen Sie sich ganz bewußt einen Mediziner aus, mit dem Sie über solche seelisch-geistigen Zusammenhänge auch reden können, der Sie zur Mitarbeit ermuntert und diese unterstützt. Die Zahl derartiger Mediziner nimmt ständig zu, denn ganz langsam weichen auch die verkrusteten Ansichten eines Prof. Dr. Sauerbruch auf, der einst sinngemäß fragte: »Seele? Ich habe Hunderte von Menschen aufgeschnitten, und ich habe nie eine Seele gesehen!«

Der Körper, und das akzeptiert inzwischen auch die Schulmedizin immer mehr, ist der Spiegel der Seele, und nichtaufgearbeitete seelische Probleme führen mit der Zeit zu Blockaden im Körper und bilden so fast ausnahmslos die eigentliche Wurzel von Krankheiten aller Art. Man muß aber gerade diese seelischen Ursachen auflösen, um zu heilen, und nicht nur das Symptom –

also die kranke Körperstelle – mittels Skalpell beseitigen, sonst sucht sich die Krankheit nur einen neuen Weg, um in einem anderen Teil des Körpers wieder auf sich aufmerksam zu machen.

Darüber, wie man verhindern kann, daß allzu viele Blokkaden in uns entstehen und wie man bereits vorhandene auflösen kann, noch bevor sie gesundheitliche Schäden verursachen können, erfahren Sie mehr auf den nächsten Seiten dieses Buches.

Im Folgenden möchte ich Ihnen zunächst eine tabellarische Auflistung einiger allgemein bekannter Krankheitsbilder und anderer Probleme geben und Ihnen dazu die wahrscheinliche seelische Ursache sowie die von mir empfohlene Neuprogrammierung des Unterbewußtseins zur Auflösung und Veränderung des vorliegenden Problems an die Hand geben. Ich habe dabei meine eigenen Aufzeichnungen aus meiner achtzehnjährigen Erfahrung mit dem konstruktiven Denken abgestimmt mit den Empfehlungen von Frau Dr. Louise Hay im Buch »Heile Deinen Körper« (Alf Lüchow Verlag, Freiburg) und denen von Dr. Donald Curtis in seinem Buch »Wie man Probleme löst« (Herbig-Verlag, München).

Symptom: Ärger
Grund: Egoismus, Neid, Feindseligkeit.
Neuprogrammierung: »Die Liebe, das Verständnis und die Einfühlsamkeit gegenüber meiner eigenen Person und all meinen Mitmenschen wird täglich größer und größer.«

Symptom: Alkoholismus
Grund: Furcht, Gefühl, minderwertig zu sein, wenig Liebe für sich selbst und andere vorhanden.
Neuprogrammierung: »Ich glaube an die Kraft der Liebe

und des Vertrauens, die sich jetzt in mir vollkommen ent-
faltet und die ich jetzt aussende, aber auch in reichem
Maße wieder empfange.«

Symptom: Arbeitslosigkeit
Grund: Ängste, Befürchtungen, kein Selbstvertrauen,
Mutlosigkeit.
Neuprogrammierung: »Ich vertraue, daß alles, was ich anfasse, zu Gold wird. Ich bin voll Selbstvertrauen. Ich
danke für den neuen Arbeitsplatz, der sich mir jetzt bie-
tet, ich werde sehr gut bezahlt und bin sehr glücklich mit
dieser neuen Aufgabe, die meinen ganz persönlichen Talenten und Vorstellungen genau entspricht.«

Symptom: Armut
Grund: Aussage: Geld ist schmutzig! Begrenzung, Man-
gelgedanken, Angst vor der Zukunft.
Neuprogrammierung: »Geld fließt mir jetzt frei in erfreuli-
cher Weise und in reicher Fülle zu; ich öffne mich dem
Wohlstand, mit dem mich mein Unterbewußtsein von
nun an überreichlich versorgt. Geld ist etwas Gutes und
Schönes, und ich begrüße es jetzt sehr herzlich in meinem Leben.«

Symptom: Depressionen
Grund: Furcht, Lebensangst, Befürchtung von Überforde-
rung, ständiges Schwarzsehen.
Neuprogrammierung: »Ich liebe das Leben in seiner wunderbaren Vielfalt; ich öffne mich für die Freundschaft
und die Liebe anderer Menschen, und meine Interessen
sind vielfältig. Ich bin jetzt sehr glücklich und zufrieden,
alles ist gut.«

Symptom: Ich finde keinen Partner

Grund: Selbstablehnung, Selbstzweifel, unehrlich zu sich selbst, fehlende Liebe.

Neuprogrammierung: »Ich danke der unendlichen Intelligenz in mir für den idealen Partner, mit dem ich bereits jetzt geistig in Verbindung stehe. Ich bin voller Selbstvertrauen und nehme diesen Partner ebenso wie mich selbst an, so wie wir beide wirklich sind. Ich liebe das Leben zu zweit und bin sehr glücklich.«

Symptom: Einsamkeit, Verlassensein

Grund: Zurückgezogenheit, egozentrisch, egoistisch, kein Interesse an anderen Menschen, mangelnde Liebe.

Neuprogrammierung: »Ich öffne mich jetzt dem Leben und der Geselligkeit. Ich ziehe die Menschen zu mir, die auch wirklich zu mir passen, und ich weiß nun, daß das Leben ein ständiges Geben und Nehmen ist; deshalb kommt das Beste jetzt auch vermehrt zu mir zurück, weil ich ab heute bereit bin, selbst das Beste zu geben.«

Symptom: Eßzwang

Grund: Selbstablehnung, innerer Aufruhr, Mangel an Liebe, Ersatzbefriedigung.

Neuprogrammierung: »(eigener Name), ich liebe Dich, Du bist ein Kind der unendlichen Intelligenz, Du liebst das Leben und die Menschen und nimmst Dich selbst so an, wie Du bist. Dein Appetit entspricht genau jenem Bedarf, um schlank, glücklich und gesund zu sein, Du wiegst... Kilogramm in göttlicher Ordnung. Und so ist es.«

Symptom: Frustration

Grund: Ziellosigkeit, mangelndes Interesse, mangelnde Beteiligung am Leben.

Neuprogrammierung: »Ich liebe das Leben mit seiner unendlichen Vielfalt. Mein Leben hat einen tieferen Sinn und ich danke meinem Unterbewußtsein, das mich jetzt mit genau diesem Sinn bekannt macht, der meinen Interessen und meinen Neigungen vollkommen entspricht. Es ist wunderbar, ein Ziel zu haben.«

Symptom: Geldprobleme
Grund: Angst vor Verlust, Habgier, Selbstbegrenzung, kein Vertrauen in das Leben.
Neuprogrammierung: »Geld fließt mir jetzt frei und in reicher Fülle zu. Ich bin ein gewaltiger Erfolg, und ich fließe mit dem Fluß des Lebens. Ich gebe mein Bestes, und das Beste kommt vermehrt zu mir zurück. Es ist wunderbar!«

Symptom: Haß
Grund: Ignoranz, Aberglaube, Selbstzerstörung, Furcht.
Neuprogrammierung: »Ich bringe jetzt meinen Mitmenschen nur noch Liebe und Verständnis entgegen, denn das, was ich aussende, kommt stets verstärkt zu mir zurück. Ich vertraue der unendlichen Kraft meines Unterbewußtseins, das in mir wie in jedem anderen Menschen zu Hause ist; deshalb bin ich und ist jeder andere Mensch, jede Kreatur liebens- und schätzenswert. Und so ist es. Das meine ich, und dabei bin ich sehr ehrlich und aufrichtig.«

Symptom: Lügen
Grund: Unehrlichkeit, falsche Werte, Feigheit.
Neuprogrammierung: »Ich begegne allen Menschen ehrlich und mit offenem Herzen, und in gleichem Maße scharen sich ebensolche Menschen um mich. Ich bin stets ehrlich und aufrichtig. Und so ist es.«

Symptom: Nervosität
Grund: Unsicherheit, Anspannung, Festhalten, Verbissenheit, Angst.
Neuprogrammierung: »Ich verdaue das Leben mit Leichtigkeit, ich lasse los und vertraue der Kraft Gottes in mir, und mit jedem Atemzug strahle ich mehr und mehr Ruhe, mehr und mehr Sicherheit, mehr und mehr Vertrauen und Gelassenheit aus.«

Symptom: Rauchen
Grund: Sucht, Gier, Feindseligkeit, versteckt sich hinter der Zigarette wie hinter einer Maske oder einem Schild.
Neuprogrammierung: »Ich überantworte der unendlichen Macht meines Unterbewußtseins meine Selbstbeherrschung und mein ständig wachsendes Selbstbewußtsein, ich bin frei, geheilt von meiner Sucht und voll neuer Lebenskraft. Ich bin jetzt ein überzeugter und glücklicher Nichtraucher.«

Symptom: Reisekrankheit
Grund: Angst, Furcht, Verwirrung, Selbstsucht.
Neuprogrammierung: »Ich freue mich auf eine wunderbare und harmonische Reise nach ... Voll Selbstvertrauen, ruhig und gelassen und im Wissen, daß Gottes Schutz mich ständig einhüllt, besteige ich das Auto (Flugzeug, Schiff, Zug usw.). Das meine ich so, und wenn ich dies sage, bin ich ganz aufrichtig dabei.«

Symptom: Sexualprobleme
Grund: Falsche Werte gegenüber dem anderen Geschlecht, Mangel an Liebe, Verunsicherung, Angst, Furcht zu versagen.
Neuprogrammierung: »Ich nehme mich jetzt so an, wie ich bin. Ich bin offen und fähig, geistige und körperliche

Liebe zu geben. Mein Partner spürt diese Bereitschaft und öffnet sich mir in gleichem Maße, denn mein Körper ist stets nur der Spiegel meiner Seele. Es ist ein wundervolles Gefühl, Liebe zu geben und Liebe annehmen zu können, und dafür danke ich von ganzem Herzen.«

Symptom: Stehlen
Grund: Gier, falsche Werte, Unsicherheit, in Disharmonie mit dem Leben.
Neuprogrammierung: »Ich bin gesund, reich und glücklich; alles, was ich vom Leben erwarte, fließt ab jetzt auf wunderbaren Wegen zu mir durch die unendliche Macht meines Unterbewußtseins. Ich bin voller Geduld und voller Vertrauen.«

Symptom: Unfälle
Grund: Aggressionen, Ressentiments gegen andere, Gewaltakte, Wut, unterdrückte Emotionen.
Neuprogrammierung: »Ich atme jetzt Frieden und Freiheit für mich und alle anderen Menschen ein. Ich verstehe, daß jeder andere Mensch das Recht hat, so zu sein, wie er sein will; ich setze deshalb alle Menschen frei und wünsche ihnen alle Liebe und alles Glück dieser Erde. Und das ist so.«

Symptom: Unsicherheit
Grund: Ordnungsmangel, Mangel an Liebe, Ängste, kein Selbstvertrauen.
Neuprogrammierung: »Ich bin ein gewaltiger Erfolg, ich bin eine starke Persönlichkeit voller Selbstbewußtsein und voller Selbstvertrauen. Alles, was ich beginne, führe ich auch sehr erfolgreich zu Ende; mit jedem Tag werde ich selbstsicherer, und das in jeder Hinsicht. Und genauso ist es.«

Symptom: Verluste

Grund: Verlustdenken, Habgier, Unsicherheit, Selbstbestrafung.

Neuprogrammierung: »Ich vertraue der unendlichen Intelligenz meines Unterbewußtseins. Ich bin großzügig, gebe gerne und erhalte selbst sehr viel Gutes zurück, sowohl materiell als auch immateriell. Ich öffne mich dem Leben und fließe mit ihm zu meinem und zum Wohl aller Menschen.«

Symptom: Versagen

Grund: Selbstablehnung, Begrenzung, Ängste, kein Selbstvertrauen.

Neuprogrammierung: »Alles, was ich anfasse, wird zu Gold. Ich bin ein gewaltiger Erfolg. Es gibt keine Grenzen für die Kraft meines Geistes. Ich bin voller Mut, voller Selbstvertrauen und wähle den Erfolg jetzt zu meinem ständigen Wegbegleiter; alles, was ihm nicht gemäß ist, muß aus meinem Leben verschwinden. Und so ist es.«

Symptom: Zeitmangel

Grund: Unruhe, Verwirrung, ständig unter Druck, Unsicherheit.

Neuprogrammierung: »Von Tag zu Tag werde ich ruhiger, gelassener und ich teile mir meine Zeit immer besser ein. Ich bin sehr erfolgreich und habe trotzdem immer mehr und mehr Freizeit. Ich bin eine starke Persönlichkeit und habe immense Erfolge, privat und geschäftlich, und dafür bin ich sehr dankbar.«

Symptom: Ziellosigkeit

Grund: Ohne Selbstvertrauen, Minderwertigkeitsgefühle, Labilität.

Neuprogrammierung: »Die unendliche Intelligenz meines

Unterbewußtseins enthüllt mir jetzt meinen wahren Platz im Leben, an dem ich mich sehr wohl fühle und der gleichzeitig meine Talente und Fähigkeiten in sich vereinigt und meine Versorgung für mich und meine Familie garantiert. Ich werde den Fingerzeig meines Unterbewußtseins zur richtigen Zeit klar und deutlich erkennen und verstehen, ich sage meinem Unterbewußtsein jetzt Dank für seine wunderbare Arbeit. Und so ist es.«

Niemals etwas verneinen

Das wichtigste bei Ihrer Selbstbehandlung ist, daß Sie ständig immer nur das bejahen, was Sie wollen, und nicht das verneinen, was Sie nicht wollen. Wenn Sie Angst haben zu versagen, dann sagen Sie sich auf gar keinen Fall: »Ich bin kein Versager«, sondern sagen Sie sich: »Ich bin ein immenser Erfolg!« Es ist unendlich wichtig, daß Sie diesen Hinweis besonders beachten, denn eine Verneinung ist ja im Grunde nichts anderes als eine umgekehrte Bejahung. Ihr Unterbewußtsein setzt die Schlagworte einer Bejahung um. Wenn in Ihrem Unterbewußtsein »Mangel« dominiert, so verstärken Sie ihn noch, wenn Sie sagen: »Ich habe keinen Mangel!«, denn das Negative wird dadurch ständig betont und gepflegt. Wenn Sie dagegen sagen: »Ich begrüße die Fülle in meinem Leben!«, dann überspielen Sie gleich einem Tonband das Negative mit dem Positiven und etablieren letzteres im Laufe der Zeit immer fester in Ihrem Unterbewußtsein. Wie Sie bereits wissen, führt diese unendliche Macht in Ihrem Inneren immer nur die dominierende Idee in Ihrem Geiste aus. Wiederholen Sie also ständig das Positive, dann werden sich auch mehr und mehr positive Erfahrungen in Ihrem Leben etablieren.

Täglich an sich arbeiten

Wer sich mit Haß, Ressentiments, Furcht und Angst anfüllt, der erntet auch die Früchte dieser Saat, und das sind in diesen Fällen Krankheiten und Unglücksfälle aller Art. Verändern Sie also Ihre innere Rede, Ihre Gedanken über sich und die Welt, und Sie verändern dadurch auch Ihre Lebensumstände.

Stellen Sie sich Ihre Bejahungen am besten selbst zusammen oder übernehmen Sie die, die ich Ihnen vorschlage, aber TUN Sie täglich mindestens 20 Minuten lang etwas in dieser Art, und zwar ganz konsequent. Am besten, Sie untermauern Ihre Bejahungen dadurch, daß Sie sich zweimal täglich 15 Minuten lang ganz entspannt hinlegen oder hinsetzen und sich geistig bereits als das sehen, was Sie gerne einmal sein wollen. Dadurch verstärken Sie die Wirkung Ihrer Affirmationen ganz enorm.

Stellen Sie sich zusätzlich etwa dreimal fünf Minuten täglich vor Ihren Spiegel und sprechen Sie Bejahungen zu sich selbst. Sie werden sich dabei anfänglich ziemlich »dämlich« vorkommen, das verspreche ich Ihnen. Sie werden sich auch dabei ertappen, daß Sie versuchen, dem Spiegelbild auszuweichen, aber das alles legt sich mit der Zeit. An diesen Reaktionen sehen Sie dann auch am besten, wie ungewohnt es ist, sich selbst neu zu programmieren. Die Welt um Sie herum ist von Natur aus positiv, nur wir Menschen sind mit der Zeit immer negativer geworden, deshalb ist es uns richtig peinlich, wenn wir uns selbst ins Gesicht sagen sollen, wie liebevoll, glücklich und erfolgreich wir sind. Wenn Sie diese Phase aber überwinden und nicht vorschnell aufgeben, dann werden Sie sehr rasch feststellen, welche positiven Gefühle sich während einer solchen »Spiegelbehandlung«, wie Dr. Murphy diese Art der

Selbstsuggestion bezeichnete, in Ihrem Inneren einstellen.

Unsere Meinung über uns selbst gibt den Ausschlag, ob wir glücklich, wohlhabend, gesund oder erfolgreich sind. Wer einmal drei Monate lang seine Spiegelbehandlung und zusätzlich seine Imaginationen (jenen eben empfohlenen inneren Spielfilm darüber, wie man sein Leben gerne hätte) durchgehalten hat, der wird mit Sicherheit schon so viele positive Resultate erhalten haben, daß er gar nicht mehr auf die Idee käme, künftig auf diese Übungen verzichten zu wollen.

Nehmen Sie auch Abstand von den Leuten, die Sie wieder zurückziehen wollen in jene Sümpfe, in denen diese oft selbst schon bis zum Hals stecken. Lesen Sie Bücher über das konstruktive Denken und verzichten Sie einmal einige Monate lang auf Boulevardblätter und Zeitungen, die Sie nur vollstopfen wollen mit Angst vor Tod, Krieg, Kidnapping, Aids, Mord und vielem negativen Gedankenmüll! Auch reicht es, wenn Sie einmal täglich die Nachrichten hören, allein daran haben Sie meist schon genug zu kauen.

Die geistigen Gesetze sind ewig gültig

Sie, und nur Sie allein sind für das verantwortlich, was Sie in Ihrem Leben alles »ernten«, denn schließlich haben auch Sie die Saat ausgewählt und eingesetzt, selbst wenn Sie das manchmal nicht wahrhaben wollen. Das alles habe nicht ich erfunden, dies sind unveränderliche Naturgesetze, sie funktionieren seit Millionen von Jahren, und diesen Gesetzmäßigkeiten ist es völlig egal, ob Sie an sie glauben oder über sie lachen, deshalb ist auch die Lehre vom konstruktiven Denken keine Frage von Glaubens-, Kirchen- oder Sektenzugehörigkeit, sondern eine Frage des gesunden Menschenverstandes. Alles ist so einfach, und wer das begreift, erkennt, beachtet und danach lebt, der wird ständig von positiven Lebensumständen umgeben sein. Je früher Sie damit beginnen, diese geistigen Gesetze positiv anzuwenden, desto eher werden sich die dementsprechenden Resultate in Ihrem Leben manifestieren, egal, welchem Geschlecht, welcher Hautfarbe oder Nationalität Sie angehören. Wir alle stammen von demselben Urgeist ab, egal, ob wir in Deutschland, der Türkei, Griechenland oder Amerika geboren sind. Ausländerhaß ist deshalb nichts anderes als Selbsthaß, und deshalb müssen alle, die solchen Haß in sich pflegen, sich auch eines Tages mit den dazugehörigen Früchten auseinandersetzen. Wir alle aber, die wir nicht zu diesen Kreisen zählen, sollten unsererseits aber auch einmal darüber nachdenken, daß es völlig falsch ist, gegen Ausländerhaß zu protestieren. Wir müssen für Freundschaft mit Ausländern demonstrieren, wenn wir wirklich gute Ergebnisse erzielen wollen. Gegen Haß zu sein, verstärkt diesen nämlich nur.

3. Kapitel

Niemand muß arbeitslos bleiben

> »Interessiere Dich für Dein Leben, Du bist
> die einzige, die etwas daraus machen kann!«
>
> ILSE PANNEK

Sie, und nur Sie allein sind der einzige Denker, der Gott in Ihrer eigenen Welt. Kein Mensch kann für Sie das Denken übernehmen, und kein anderer Mensch kann für Sie Entscheidungen treffen, nur Sie selbst können dies tun.

Ein arbeitsloser Schlosser erzählte mir einmal seine Leidensgeschichte. Als er 53 Jahre alt war, schloß seine Firma von heute auf morgen die Tore. In dieser Zeit erzählte er jedem, der es hören wollte (aber auch denen, die es nicht hören wollten), ganz monoton denselben Satz: »In meinem Alter nimmt mich doch keiner mehr!« Und so, wie man in den Wald hineinruft, so kommt es bekanntlich auch wieder zurück. Jeden Tag schimpfte er also auf die Regierung und die zu knappe Arbeitslosenunterstützung, und in den zwölf Monaten seit seiner Entlassung hatte er schon so manche Schuhsohle durchgelaufen auf der Suche nach einem neuen Job. Jede Absage betrachtete er natürlich als Bestätigung seiner oben angeführten Philosophie, und so verstrickte er sich mehr und mehr in seine eigene Negativität. Eines Tages schleppte ihn seine Tochter zu einem Vortrag über positives Denken, was er mehr oder weniger widerwillig über sich ergehen ließ. Aber als er nach drei Stunden nach Hause zurückkam, erkannte ihn seine Frau kaum wieder, denn er wirkte wie ausgewechselt. Er strahlte auf einmal neuen Lebensmut aus, weil er während dieses Vortrages ganz klar erkannt hatte, daß er selbst mit seiner negativen Einstellung es war, der sich dauernd im Wege stand.

Am nächsten Tag schlug er wieder einmal den Anzeigenteil seiner Tageszeitung auf, las aber zur Verwunderung seiner Frau alle Stellenangebote, nur nicht die, in denen ein Schlosser gesucht wurde. Er sagte zu seiner Frau, die ihn etwas verwundert auf diesen neuen Umstand ansprach: »Ich habe in der Vergangenheit stets geglaubt, daß ich nur zum Schlosser tauge. Aber jetzt weiß ich, daß dies ein großer Fehler war. Das Leben will mir anscheinend eine neue Chance geben und mich nicht bestrafen, was ich Depp irrtümlicherweise immer geglaubt habe!«

Zwei Monate später traf er im Stuttgarter Gottlieb-Daimler-Stadion einen alten Freund, den er seit vielen Jahren nicht mehr gesehen hatte. Beide hatten sich vor Jahren auf einer Geburtstagsfeier kennengelernt. Dieser Freund betrieb einen blühenden Handel mit Briefmarken, und da sein langjähriger Partner vor zwei Jahren verstorben war, fragte er ebendiesen Schlosser, nachdem er von dessen momentaner Arbeitslosigkeit gehört hatte, ob er nicht Lust hätte, aufgrund seiner philatelistischen Kenntnisse bei ihm als Kompagnon einzusteigen. Ohne zu überlegen sagte dieser begeistert zu, kratzte alles zusammen, was er an Geld besaß und stieg mit 28 000 Mark bei seinem alten Freund in der Firma ein.

Inzwischen sind einige Jahre ins Land gegangen und aus dem frustrierten Schlosser wurde ein sehr erfolgreicher Geschäftsmann.

Es macht wieder Spaß

Heute ist er 65 Jahre alt und immer noch berufstätig. Ohne diesen damaligen Vortrag, so sagte er mir, würde ich wohl noch heute arbeitslos herumsitzen und mein Schicksal beweinen. Es ist wirklich wahr, der Mensch lebt nur maximal ein Zehntel seiner Kapazität, solange er nicht die Kraft seines Unterbewußtseins kennen- und anwenden gelernt hat. Wer heute arbeitslos ist, der sollte sich nicht bedauern, sondern diesen Umstand vielmehr als Chance betrachten, etwas Neues beginnen zu können und seinem Unterbewußtsein vertrauensvoll die Aufgabe der Lösung übertragen, denn so sicher, wie der Pfarrer in der Kirche beim Schlußwort nicht flucht, so sicher wird ihm auch das Unterbewußtsein antworten.

Bebildern Sie das, was Sie wollen

Wenn auch Sie vielleicht jetzt gerade ohne Arbeit sind, dann wollen Sie sicher wissen, wie man es anfängt, sich ohne Geld und mit den ganzen Sorgen im Rücken umzuprogrammieren.

Nun, hier ist ein Rezept für all diejenigen, die sich ein Herz fassen und auf der Stelle damit beginnen wollen, ihren momentanen Zustand zu verändern. Was ich Ihnen jetzt vorschlage, funktioniert nur dann nicht, wenn Sie sich selbst belügen, mitten auf der Strecke stehenbleiben oder resignieren. Also, auf geht's.

Legen Sie sich morgens nach dem Waschen und Zähneputzen nochmals 25 Minuten ganz ruhig auf den Rücken und hören Sie sich eine entsprechende Musik oder eine Subliminalcassette (Beschreibung Subliminals siehe Seite 183 ff.), am besten mit dem Suggestionstext »Erfolg« an. Atmen Sie zehnmal ganz ruhig durch und stellen Sie sich dann in allen Einzelheiten vor, wie Sie gerade den Job ausführen, von dem Sie glauben, daß er Sie ganz besonders glücklich macht. Entwickeln Sie eine innere Freude bei dieser Vorstellung und steigern Sie sich so lebensecht wie möglich in diese Szenen hinein. Lassen Sie sich von Ihrem imaginären Chef zu den außergewöhnlichen Leistungen, die Sie für Ihr neues Unternehmen erbringen, gratulieren und spüren Sie deutlich, wie Ihnen die Kollegen die Hand drücken oder Ihnen auf die Schulter klopfen. Machen Sie in dieser Imagination mit Ihrer Frau eine Flasche Sekt auf und feiern Sie mit ihr und den Kindern diesen neuen, gutbezahlten Job – so wie Sie das tun würden, wenn alles bereits Realität wäre. Entwickeln Sie Phantasie, seien Sie kreativ und leben Sie diese Szenen am Tag, so oft Sie können, aus. Sie können dies auch mit offenen Augen tun, bei der Gartenarbeit oder während eines Spaziergangs. Jedesmal, wenn Sie eine solche Übung abgeschlossen haben, dann sagen Sie zu sich selbst laut und vernehmlich (oder wenn es gerade nicht laut geht, dann eben leise): »Ich danke der unendlichen Intelligenz meines Unterbewußtseins für das eben Erlebte. Ich vertraue der Kraft in mir, die mich erschaffen und die mich von der ersten Sekunde meines Lebens an immer perfekt gelenkt und geleitet hat, vollkommen. Ich bringe nun Ideen und Werke hervor, die bisher noch nie geschaffen worden sind.«

Informieren Sie Ihren Partner

Vergessen Sie dann einmal für sechs Wochen den Stammtisch und die Fernsehnachrichten und konzentrieren Sie sich nur auf Ihren »inneren Spielfilm«, vermeiden Sie unbedingt negative Aussagen aller Art und sprechen Sie mit Ihrer Frau darüber, was Sie tun und warum Sie dies tun, damit sie nicht meint, Sie hätte ein »Bus gestreift«, wenn Sie auf einmal damit beginnen, in Meditationshaltung auf dem Bett zu liegen. Lesen Sie aufbauende Bücher, anstatt im Fernsehen Action-Filme oder Berichte über die Lage der Arbeitslosen in Deutschland zu konsumieren, denn so kommen Sie mit Sicherheit nicht weiter. Werfen Sie jeden kompromißlos aus Ihrer Wohnung hinaus, der Sie nach der dritten Verwarnung immer noch auf den Boden der sogenannten Tatsachen zurückholen will. Ihr Unterbewußtsein wird nämlich gerade umprogrammiert, und das geht nur ganz – oder gar nicht. Gerade weil Sie an jedem Tag Ihres bisherigen Lebens immer nur der Spiegel Ihrer eigenen Gedanken waren, haben Sie sich höchstpersönlich genau dort hinmanövriert, wo Sie jetzt stehen, und wenn dies eine Art Sumpf sein sollte, so müssen Sie da schnellstens wieder heraus, und wenn Ihre Freunde Sie daran hindern wollen, dann ziehen Sie ganz schnell Ihre Konsequenzen daraus.

Wenn Sie auf diese Art und Weise etwa sechs Wochen lang mit sich gearbeitet haben, werden Sie feststellen, daß Sie ganz langsam damit beginnen, ein anderer Mensch zu werden, und daß Ihr Unterbewußtsein Ihnen mehr und mehr positive Gefühle und auch mehr Zutrauen in die Zukunft vermittelt. Hören Sie während dieser Zeit keinesfalls damit auf, sich beruflich weiter in verschiedenen Firmen zu bewerben, aber resignieren Sie auf gar keinen Fall, wenn Sie abgewiesen werden sollten, denn wie Ihre Zukunft aussieht, das wissen Sie ja, nämlich genau so, wie Sie es sich bereits geistig vorstellen, und das sollte Sie von Tag zu Tag mehr Zuversicht empfinden lassen.

Sollten Sie an meinen Worten immer noch zweifeln, was ich sehr gut verstehen könnte – ich selbst habe jahrelang gezweifelt –, dann denken Sie einmal zurück, ob nicht gerade dann in Ihrem Leben etwas besonders gut geklappt hat, wenn Sie genau dies ganz intensiv wollten und sich von absolut niemandem aus dem Konzept bringen ließen. Haben Sie damals nicht auch in Ihrer Phantasie den Endzustand vorhergesehen, und haben Sie nicht, als alles dann auch so eingetroffen ist, gesagt: »Ich habe gewußt, daß es klappt!«

Ein Programm gegen Fingernägel-Kauen

Am 1. April 1992 lernte ich Lisa-Maria kennen. Wir trafen uns im Studio des ORF in Wien, wo wir beide Gäste der Fernsehsendung »Wir aktiv« waren. »Wir aktiv« wurde von dem bekannten Schriftsteller und Journalisten Josef Kirschner 1991 ins Leben gerufen. In dieser Sendung gab er unter anderem Tips, Ratschläge und Anregungen zum positiven Denken. Bisher gibt es im deutschsprachigen Raum leider keine Sendung, die »Wir aktiv« das Wasser reichen könnte, und man kann den Hut vor Herrn Kirschner nicht tief genug ziehen, denn gerade weil diese Sendung etwas Außergewöhnliches darstellt, waren sich die Gegner und Kritiker sehr schnell einig in ihrer ablehnenden Haltung und brachten Anfang 1993 das Ganze zu Fall.

Nun, ich war also von diesem Herrn Kirschner in seine Sendung nach Wien eingeladen worden, ebenso wie besagte Lisa-Maria. Sie war damals 14 Jahre jung, und als wir beide einander am Vorabend der Aufzeichnung vorgestellt wurden, sah ich in ein Paar sehr wache und selbstbewußte Augen. Lisa-Maria hatte jahrelang Fingernägel gekaut, diese Sucht aber aus eigenem Antrieb erfolgreich bekämpft und besiegt. Sie hatte weder etwas von Dr. Murphy noch von anderen derartigen Autoren gehört. Nein, sie hatte es eines Tages ganz einfach satt, Opfer ihrer eigenen Unzulänglichkeiten zu sein. Also setzte sich dieses vierzehnjährige Mädchen in einer stillen Stunde hin und begann sich zu fragen, warum sie eigentlich dieser Unart frönt, und sie faßte spontan den Entschluß, sich das Ganze so schnell wie möglich wieder abzugewöhnen.

Zunächst versuchte sie es mit einer Art Tinktur, die sie sich auf die Fragmente ihrer früheren Fingernägel strich. Diese schmeckte so scheußlich, daß sie keine große Freude mehr am Kauen hatte. Dann begann sie, sich zu notieren, wann und bei welchen Gelegenheiten sie ihre Nägel kaute, um zu analysieren, wo sie den Hebel zur Beendigung ihrer Sucht ansetzen könnte. Schließlich stellte sie sich im Geist vor, wie es aussähe, wenn sie schöne, lange, gepflegte Fingernägel hätte, wie sie im Kaffeehaus die Tasse zum Mund führen würde, und dabei ihre attraktiven, sorgsam gefeilten und lackierten Fingernägel betrachten könnte.

Der Vertrag mit der Lehrerin

Mit ihrer Lehrerin, die das gleiche Problem hatte, vereinbarte sie, daß beide jeden Tag, an dem sie nicht kauten, pro Person fünf österreichische Schilling in ein gemeinsames Kässchen zahlen würden, und wenn die Kasse voll wäre, wollten beide gemeinsam etwas Hübsches unternehmen, zur Belohnung sozusagen.

Drei Wochen später war Lisa-Maria ihre Sucht vollkommen los, und ich glaube, sie ist besonders stolz darauf gewesen, daß während der Aufzeichnung des Interviews beim ORF ihre Hände mit den inzwischen makellos schönen Fingernägeln in Großaufnahme gezeigt wurden. Als sie geheilt war, verfaßte sie eine Broschüre darüber, wie man sich das Fingernägelkauen abgewöhnen kann, und diese schickte sie jedem zu, der ein ähnliches Problem hatte und sich an sie wandte. Der Hammer des ganzen war aber der Schlußsatz, mit dem Lisa-Maria ihr Interview mit Josef Kirschner im ORF-Studio abschloß. Sie sagte: »Meine Lehrerin hat es leider noch nicht geschafft, sich das Kauen abzugewöhnen. Vielleicht hat sie es auch einfach nicht richtig gewollt, aber ich halte ihr ganz fest die Daumen und wünsche ihr, daß auch sie es eines Tages schafft.«

Diese kleine Österreicherin hat sich intuitiv an ihr Unterbewußtsein gewandt mit der Vision, lange und schöne Fingernägel zu haben; sie hat darüber hinaus aber auch einen sehr starken Willen zum Durchhalten mitgebracht und sich letztendlich innerhalb von drei Wochen selbst besiegt. Ich habe noch heute Kontakt mit ihr und bin überzeugt, daß wir alle, wenn sie sich so weiterentwickelt, noch sehr viel von Lisa-Maria hören werden.

4. Kapitel

Die kosmische Kraft in uns

*»Genaugenommen leben sehr wenige
Menschen in der Gegenwart, die meisten
bereiten sich vor, demnächst zu leben.«*

JONATHAN SWIFT

Sind wir nicht alle Weltmeister im Hinausschieben von
Zielen?

»Irgendwann werde auch ich mir dies oder jenes leisten
können.«

»Eines Tages werde auch ich einmal das Geld haben, in
Urlaub fahren zu können.«

»Ich hoffe, auch bald einmal eine Frau kennenzulernen,
die zu mir paßt.«

»Irgendwann«, »eines Tages«, »bald«, »demnächst« sind
Worte, mit denen das Unterbewußtsein absolut nichts
anfangen kann, denn diese unendliche Macht in uns handelt immer nur im Hier und Jetzt.

»Jetzt bin ich gesund, jetzt fließen mir Wohlstand und
Glück in reicher Fülle zu, jetzt begrüße ich die richtige
Frau in meinem Leben, die mich liebt und die zu mir
paßt.«

Damit kann das Unterbewußtsein etwas anfangen, denn
diese Kraft in uns kennt keine Zeit und keinen Raum, so
wie wir. Stellen Sie sich einmal vor, Sie hätten einen Butler. Was glauben Sie, wie lange er bei Ihnen bliebe, wenn
Sie ihm sagen würden: »Matthew, servieren Sie irgendwann den Tee.« Er würde Sie immer wieder bitten, ihm
präzise zu sagen, wann und wo Sie genau den Tee zu

trinken wünschen. Auch Ihr Unterbewußtsein will klare und deutliche Anweisungen von Ihnen haben, deshalb aktiviert man es am besten mit den lebhaftesten Bildern, denn daraus kann das Unterbewußtsein entnehmen, daß Sie das, was Sie wollen, hier und jetzt schon geistig in Empfang genommen haben. Zu sagen »Bald erreiche ich dieses und jenes«, heißt für das Unterbewußtsein: Aha, der Boß will bald etwas haben, aber nicht jetzt, und es wartet geduldig ab, bis Sie es endlich hier und jetzt abrufen; wenn Sie dies aber nicht tun, so sieht diese Höhere Intelligenz auch keinen Handlungsbedarf. Ich kenne viele Menschen – und ich habe auch viele Jahrzehnte selbst dazu gehört –, die lesen Dutzende von Büchern, besuchen alle Arten von Seminaren und nehmen sich auch immer wieder fest vor, das Erfahrene umzusetzen. Nur mit dem TUN fangen sie niemals richtig und konsequent an.

Mangelndes Durchhaltevermögen

Wie oft fuhr ich früher von einem Seminar nach Hause zurück und legte mir bereits im Auto einen Zeitplan zurecht, wann und wie oft ich täglich meinem Unterbewußtsein meine Wünsche und Vorstellungen einimpfen würde, und ich hätte damals allen Grund gehabt, das einmal Vorgenommene auch sofort umzusetzen, denn ich »schrammte« finanziell seit Jahren ständig knapp an den Grenzen meines Kreditvolumens vorbei, und der Pleitegeier hockte bereits erwartungsvoll über der Eingangstüre meiner Wohnung und krächzte unüberhörbar.

Die ersten drei bis vier Tage nach der Rückkehr von besagten Seminaren erfüllte ich mein Planvorhaben dann auch ganz genau und penibel. Aber nachdem der erste

»Anfall« vorbei war, fand ich täglich immer neue und sehr glaubhafte Ausreden, um diese geplanten Termine mit mir selbst schwänzen zu können, und nach zwei bis drei Wochen war ich bereits wieder auf dem alten, eingefahrenen Geleis.

Erst, als nach etwa zwei Jahren dieser Pleitegeier sich anschickte, auf meiner Schulter Platz nehmen zu wollen, begann ich aus diesem Leidensdruck heraus ganz konsequent damit, meine Termine mit mir selbst auch wirklich einzuhalten, und etwa einen Monat später schon war ich so gut wie gerettet. Jahrelang versuchte ich zu kämpfen, zu tricksen und zu manipulieren, bis ich endlich begriff, daß es nur meine eigene Furcht und meine Angstgedanken waren, die mein Unterbewußtsein unbeirrt in Realität umsetzte. Erst, als ich selbst damit begann, mich bewußt glücklich, körperlich und finanziell gesund zu sehen, machte mein Unterbewußtsein ebenfalls kehrt und verwirklichte dann dieses neue, positive Konzept. Die meisten Menschen versagen aber – wie auch ich lange Zeit – nur deshalb, weil sie keine Entscheidung zur Umkehr treffen und weil sie der Funktionsweise ihres Unterbewußtseins nicht vertrauen können oder wollen.

Mehr Vertrauen entwickeln

Genau dieses Unterbewußtsein hat Sie aber einst aus einem mikrokleinen Samen erschaffen, und es kennt den perfekten Bauplan Ihres Körpers. Wie um alles in der Welt sollte es versagen können, wenn Sie um Glück, Reichtum oder Gesundheit bitten? Der Ingenieur, der ein Auto nicht nur gebaut, sondern es auch noch selbst entworfen hat, weiß doch auch genau, was zu tun ist, wenn der Motor stottert oder der Auspuff klappert. Wer steuert denn den Schlag Ihres Herzens und wer verwandelt die Speisen, die Sie zu sich nehmen, zu Muskeln, Blut, Haut oder Haaren? Wer läßt die Fingernägel wachsen? Wer übernimmt nachts die Kontrolle über Ihren Körper, wenn Sie und Ihr Bewußtsein schlafen gehen, und wer läßt geschlagene Wunden, ob physischer oder psychischer Natur, wieder heilen?

Es wird Zeit, daß auch Sie sich diese Fragen einmal ganz bewußt stellen, denn dadurch verstärken Sie Ihr Vertrauen in jene immense Kraft in Ihrem Inneren ganz gewaltig. Machen Sie sich auch einmal bewußt, was der Tod ist. Das Unterbewußtsein verläßt den Körper, deshalb zerfällt und verwest er, aber solange Ihre Seele in diesem Leben und in Ihrem heutigen Körper untergebracht ist, steht Ihnen dieses Unterbewußtsein mit seiner ganzen, unglaublich gewaltigen Kraft und Macht zur Verfügung; und das sollten Sie nutzen.

Auf den folgenden Seiten möchte ich Ihnen deshalb einmal aufzeigen, wie und warum Sie sich mit Ihrem Körper öfter unterhalten sollten.

Wir reden mit so vielem

Wir Menschen reden mit allem auf der Welt, sogar mit unseren Autos, mit Hunden, mit Katzen, wir reden mit Gräbern (obwohl dort niemand ist), mit Stofftieren, mit Bildern und vielem anderen mehr. Wie oft habe ich, als ich noch ein Kind war, das Bild eines Stars, für den ich geschwärmt habe, abends mit ins Bett genommen, und dabei habe ich mich so gefühlt, als würde ich direkt neben der darauf abgebildeten Person liegen. Sicher kennen auch Sie solche oder ähnliche Begebenheiten aus Ihrem Leben. In solchen Situationen sind wir doch alle sehr glücklich gewesen, obwohl wir mit nichts anderem als einem Stück Papier in unserer Hand im Bett gelegen haben. Aber in unserer Phantasie war dies nicht nur ein Stück Papier, sondern es war genau die abgebildete Person aus Fleisch und Blut, die wir neben uns im Bett wähnten.

Unser Körper besteht aus Millionen von Zellen, und jede einzelne von ihnen ist ein in sich geschlossenes Lebewesen; aus einer solchen Zelle sind alle anderen Millionen von Zellen unseres Körpers einmal entstanden, und jede einzelne von ihnen hat ein eigenes Bewußtsein. Moritz Börner schreibt dazu in seinem Buch »Weisheit aus dem Unbewußten« (Goldmann Verlag, München):

»Jede Zelle Deines Körpers ist ein kleines Lebewesen und reagiert auf Vorstellungen, nicht auf die Worte, die Du aussprichst. Man kann die Zellen und die Organe des Körpers zum Beispiel mit einem Haustier vergleichen; wenn Du zu einem Hund sprichst und sagst: ›Braver Hund, lieber Hund, so ein braves Tier!‹, dann versteht er nicht die Worte. Du könntest es in einer fremden Sprache sagen, aber Deine Vorstellung überträgt sich, Dein Gefühl überträgt sich und der Hund wedelt mit dem Schwanz ...

Positives Denken ist in Wirklichkeit das Entwickeln positiver Gefühle. Der Same mag im Gedanken liegen, aber die Vorstellung muß aus den Gedanken wachsen wie eine Blume ...

Man kann sich eine Rose beispielsweise so intensiv vorstellen, daß man ihren Duft zu spüren glaubt ...«

Sie müssen also, wenn Sie mit Ihren Zellen in Kontakt treten wollen, die Sprache der Bilder benutzen. Stellen Sie sich beispielsweise Ihren Magen bildlich vor, auch wenn Sie nicht genau wissen, wie ein Magen aussieht. Seien Sie kreativ, Ihr Unterbewußtsein versteht Sie schon richtig, und sagen Sie Ihrem Magen, wie dankbar Sie ihm für seine tägliche Arbeit sind. Streicheln Sie ihn und sagen Sie ihm, daß Sie ihn lieben. Dies können Sie mit jedem anderen Organ Ihres Körpers ebenfalls tun.

Ich selbst hatte einmal ein Problem mit meinem rechten Knie, es schmerzte ständig beim Laufen, und an meinen Lieblingssport, das Fußballspielen, war nicht im Traum zu denken. Also begab ich mich drei Wochen lang jeden Tag – nachdem ich mich entspannt hatte – geistig in den Innenraum meines rechten Knies und redete mit ihm. Ich sagte ihm, wie sehr ich es brauchte und wie dankbar ich ihm wäre, wenn es wieder ganz und gar intakt sei. Dann bedankte ich mich bei meinem Knie, und nach etwa drei bis fünf Minuten wandte ich mich einer anderen Imagination zu. Nach diesen drei Wochen waren die Schmerzen völlig weg und ich spiele seit dieser Zeit wieder sehr aktiv Fußball bei den Alten Herren.

Unbedingt mit dem eigenen Körper reden

Positive Vorstellungen schaffen positive Ergebnisse. Reden Sie deshalb mit Ihrem Körper, bleiben Sie in einem ständigen Dialog mit ihm, aber – und darauf weise ich nochmals ganz bewußt hin – tun Sie es nur unter ärztlicher Aufsicht und unter ständiger Kontrolle, wenn Sie wirklich tiefgehende Probleme haben. Es schadet aber nicht, wenn Sie Ihrem Körper täglich positive Gedanken senden und ihm für seine Arbeit, die er jeden Tag für Sie tut, danken. Sie werden sich dadurch sehr viel wohler und vitaler fühlen. Probieren Sie es doch einfach einmal aus.

Das Unterbewußtsein ist der gehorsamste Befehlsempfänger, den es auf dieser Welt gibt, allerdings hat es auch einen gewaltigen »Mangel«. Es führt nämlich jeden Befehl seines Chefs blind aus, ohne abzuwägen, ob das Gewünschte für diesen von Vor- oder Nachteil ist. Es geht ganz einfach davon aus, daß der Chef (das Bewußtsein) weiß, was er tut. Die Befehle erhält das Unterbewußtsein durch gefühlsbeladene innere Bilder (Freude, Befürchtung, Angst). Je stärker das Gefühl, um so stärker multipliziert das Unterbewußtsein; deshalb haben visualisierte Vorstellungsbilder, die mit dem Gefühl der Freude einhergehen, die gleiche Chance auf Verwirklichung wie angstvolle Bilder, die mit dem Gefühl der Furcht oder der Befürchtung einhergehen. Aus diesem Grund sollte man nie über das jeweilige Problem, sondern immer nur über die glückliche Lösung desselben nachdenken.

Wer beispielsweise befürchtet, Schnupfen zu bekommen, weil er beim Spaziergang im Regen naß geworden ist, der sollte sich sofort vorstellen, wie er am nächsten Morgen topfit aufsteht und sich über seine perfekte Gesundheit freut. Er sollte keinesfalls darüber nachdenken, wie er am nächsten Morgen seine Zeit einteilen könnte, um vor dem Gang in die Firma noch in der Apotheke vorbeigehen zu können und Medikamente für das zu besorgen, was er gerade durch diese Überlegung erst »züchtet«, obwohl es ihm, wenn es sich verwirklicht hat, Pein bereitet, was er ja eigentlich gar nicht will.

Das Unterbewußtsein arbeitet immer perfekt, nur wir Menschen können meist noch nicht richtig mit ihm umgehen. Das ist das Hauptproblem, der wichtigste Punkt, warum so viele Menschen am und im Leben scheitern. Der andere wichtige Punkt ist der, daß viele, die mit Suggestionen oder Imaginationen experimentieren, entweder kein Duchhaltevermögen haben oder andererseits einfach nicht ihre alten Denkmuster loslassen können. Stellen Sie sich über einige Wochen hinweg jeden Tag zweimal 15 Minuten das vor, was Sie wollen, und sagen Sie danach Ihrem Unterbewußtsein, daß Sie nun mit Ihren Ausführungen am Ende seien und es jetzt an die Arbeit gehen könne. Wenn Sie aber nicht vertrauen und geistig nicht loslassen können, glaubt Ihr Unterbewußtsein, daß noch etwas kommen müßte und es kann deshalb nicht an seine eigentliche Arbeit der Verwirklichung gehen.

Die Realität zählt nicht

Kein Schloßherr bestellt bei einem Butler den Fünf-Uhr-Tee und zweifelt danach daran, ob er auch tatsächlich von diesem serviert wird. Egal, welches Problem Sie haben, ob Sie krank, arbeitslos, unglücklich oder pleite sind – gehen Sie einfach raus aus diesen Mangelszenen, die sich immer nur darum drehen, wie schlecht es Ihnen geht. Stellen Sie sich ganz bewußt Szenen vor, die sich mit dem glücklichen Ausgang Ihrer Probleme beschäftigen. Steigern Sie sich in die aus Ihrer Sicht perfekte Lösung mittels Ihrer inneren Bilder hinein und halten Sie über viele Wochen hinweg an diesem positiven Bild unbeirrt fest, ganz egal, ob die Realität momentan noch das Gegenteil widerspiegelt, und erleben Sie, wie sich die Dinge nach und nach wie von Zauberhand verändern.
Alle, und ich betone ausdrücklich *alle* unsere Miseren sind immer und ausschließlich von uns selbst verursacht. Wenn Sie das einmal in vollem Umfang begriffen haben, dann werden Sie viel mehr Spaß und Freude an Ihrem Leben haben, denn: Alles was Sie aussenden, kehrt immer verstärkt zu Ihnen zurück! Was Sie heute sind, ist Ihr erwachsen gewordenes Denken von gestern, deshalb kontrollieren Sie ab sofort Ihre Gedanken.

Beginnen Sie an mir zu zweifeln?

Sollten Sie vielleicht zu den Leuten gehören, denen das bisher Gelesene noch etwas unglaubhaft vorkommt, dann möchte ich Sie jetzt trotzdem ganz nachdrücklich motivieren, weiterzulesen. Ich weiß – aus eigener Erfahrung –, wie leicht es ist, ein Buch zuzuklappen mit der Bemerkung: »Ich bin ja bereit, das eine oder andere zu akzeptieren, aber jetzt übertreibt der Autor ein wenig.«

Stellen Sie sich einmal vor, was wäre, wenn alles, was in diesem Buch steht, wahr und nachvollziehbar wäre, was es ja in Wirklichkeit auch ist. Ist es dann nicht Ihr Bewußtsein, das nicht bereit ist, die bisherigen »Scheuklappen«, die Ihnen von der Schule, den Eltern, der Umwelt und so weiter »angepaßt« wurden, abzulegen und damit zu beginnen, Ihren Horizont zu erweitern?

Denken Sie beispielsweise an eine Laus. Sie, dieses für uns so winzige Insekt, glaubt auch, daß es in Wirklichkeit nur das gibt, was sie in ihrem kleinen Lebensbereich wahrnehmen kann. Würden Sie aber die Laussprache beherrschen und ihr das sagen können, was für Sie ganz selbstverständlich ist – nämlich daß die Welt mit ihren Meeren, Bergen, Seen und Kontinenten so riesig ist, und daß es darüber einen unendlich weiten und großen Sternenhimmel gibt mit Planetensystemen, die teilweise über sechzig Millionen Lichtjahre von unserer Erde entfernt sind –, meinen Sie, diese kleine Laus könnte Ihnen dies glauben? Das könnte sie keinesfalls, weil es ihr geistiges Fassungsvermögen übersteigen würde und weit über das hinausginge, was sie selbst wahrnehmen kann.

Als ich heute meinen sonntäglichen Spaziergang machte, lief ich meine gewohnte Strecke zum erstenmal andersherum. Normalerweise laufe ich die etwa einstündige Wegstrecke rechts herum; dies hat sich im Lauf der Zeit einfach so ergeben, und ich kam in den ganzen neun Jahren, in denen ich hier wohne, nicht einmal auf die Idee, in die entgegengesetzte Richtung – also aus meiner Sicht vom »Ziel« Richtung »Start« – zu laufen. Heute habe ich dies zum erstenmal getan, und ich kann Ihnen kaum beschreiben, wie ungewohnt das war, aber plötzlich habe ich festgestellt, daß ich Dinge sah und wahrnahm, die ich vorher noch nie bemerkt hatte, eben weil ich bereit war, meine eingefahrenen Geleise zu verlassen und mich neuen Erfahrungen zu öffnen.

Es sind niemals die anderen, es sind immer wir selbst, die für das verantwortlich zeichnen, was wir sind. Wenn wir bereit sind zur Veränderung und zum Aufbruch, zu neuen ungewohnten Wegen, dann kommen die Erfahrungen, Erkenntnisse und Wegweiser ganz von selbst, eben weil sie immer schon da waren – lediglich wir sind es, die es nun wagen, auf sie zuzugehen. Wenn Ihnen vielleicht manches, was Sie bisher in diesem Buch gelesen haben, nicht verständlich oder einleuchtend erscheint, dann lesen Sie doch einfach weiter und öffnen Sie sich einmal für das anscheinend Unglaubliche, denn nur der hat Erfolg im Leben, der auch bereit ist, die Welt aus verschiedenen Perspektiven zu betrachten.

5. Kapitel

Reisen bildet

> »Ein fröhliches Herz ist die beste Medizin,
> ein gedrücktes Gemüt dörrt das Gebein aus.«
>
> Altes Testament

Vor etwa fünf Jahren kam einmal ein Mann in mein Büro, der mir eröffnete, mit mir bauen zu wollen, wenn ich in der Lage wäre, zuvor sein Altobjekt (ein Haus) zu verkaufen. Er selbst versuche schon seit zwei Jahren vergeblich, diesen »Schuppen«, wie er sich ausdrückte, zu veräußern. Ich war mit diesem Vorschlag einverstanden, und wir schlossen daraufhin einen sogenannten Vorbehaltsauftrag für ein Fertighaus ab, was nichts anderes bedeutete, als daß er sich verpflichtete, mit der von mir vertretenen Firma ein neues Haus zu bauen, wenn es mir innerhalb eines halben Jahres gelingen würde, sein Altobjekt zu verkaufen. Zwei Tage später suchte ich ihn zu Hause auf, um mir das Verkaufsobjekt persönlich anzusehen. Es war gut in Schuß, der Preis war akzeptabel, so daß ich mir sofort im klaren war, daß es noch andere Gründe geben mußte, warum dieses Haus bisher anscheinend unverkäuflich war.

Er stand sich selbst im Wege

Am darauffolgenden Wochenende bestellte ich dann die ersten drei Interessenten, die sich auf meine Zeitungsanzeige gemeldet hatten, nacheinander zur Besichtigung dieses Hauses. Innerhalb weniger Stunden wurde mir klar, warum der Besitzer bisher so erfolglos gewesen war, was den Verkauf anbetraf. Er fand entweder an der Kleidung, dem Aussehen, dem Benehmen oder auch am Auto der jeweiligen Kaufinteressenten immer etwas Negatives. Keiner dieser Leute war ihm gut genug, und dementsprechend mürrisch begrüßte er sie auch. Am Ende einer solchen Besichtigung teilte er dem möglichen Käufer dann auch noch ganz locker mit, daß der Preis zugegebenermaßen etwas hoch gegriffen sei, er habe jedoch genügend Interessenten, und deshalb würde er sich auch um keinen Pfennig vom geforderten Kaufpreis herunterhandeln lassen. Den Keller zeigte er grundsätzlich nicht, den würden die Leute ja dann sehen, wenn sie eingezogen wären, und vorher ginge es sie nichts an.

Ich setzte ihm zunächst einmal sehr bestimmt auseinander, daß ich auf dieser Basis liebend gerne den geschlossenen Vorbehaltsauftrag auflösen und auf eine weitere Geschäftsbeziehung keinen Wert legen würde. Nun griff seine Frau ein; sie hatte sein Verhalten und sein Gemecker auch bereits seit langem satt und drohte damit, daß wenn er so weitermachen würde, sie endgültig ihre Sachen packen und ausziehen werde. Dann stand sie unvermittelt auf und verließ weinend das Zimmer.

Nun erklärte ich diesem inzwischen etwas verstörten Mann so sachlich und ruhig wie nur möglich, daß man von Menschen, die man innerlich so ablehnte wie er die Interessenten für sein Haus, nicht erwarten könne, daß diese ihm und dem Objekt gegenüber positiv eingestellt seien, und daß die Sache in Zukunft ganz anders laufen müsse, wenn er weiterhin auf meine Mitarbeit Wert legen würde. Danach schickte ich ihn zu seiner Frau in die Küche, damit er sich mit ihr versöhnen konnte.

Die Einsicht kam rechtzeitig

Zwei Tage später erhielt ich einen Anruf von genau diesem Kunden; er entschuldigte sich ehrlich und aufrichtig für sein Verhalten und wirkte sehr einsichtig. In diesem Telefonat fragte er mich dann, was er denn tun könne, um seine Einstellung gegenüber seinen Kaufinteressenten positiver zu gestalten. Ich riet ihm, sich geistig vorzustellen, wie er mit den Käufern seines Hauses bei einer Flasche Wein säße und empfahl ihm, daß er versuchen solle, einmal das Gefühl zu empfinden, wie zufrieden er und wie glücklich seine Käufer darüber seien, daß man sich preislich so gut geeinigt habe.

Ich vereinbarte dann mit ihm – damit er noch etwas Zeit für seine Läuterung hatte –, die Zeitungsannoncen für etwa drei Wochen zu stoppen und gleich nach Ende der Urlaubszeit im September wieder in die Werbung zu gehen.

Vier Wochen später, bei der nächsten Besichtigungsrunde, begegnete ich dann zu meiner Freude einem sehr freundlichen Hausbesitzer, der zwischenzeitlich nicht nur den Keller aufgeräumt hatte und ihn wie selbstverständlich zur Besichtigung anbot, sondern der gegenüber den Interessenten zu meiner Überraschung auch sagte, daß man über den Preis durchaus noch reden könne.

Es kam, wie es kommen mußte; nach drei Wochen war das Haus verkauft, und außerdem kam noch etwas ganz Wunderbares für ihn, quasi als Zugabe, hinzu. Seit Jahren litt dieser Mann an Gastritis und schluckte deshalb eine Tablette nach der anderen; urplötzlich, so erzählte er, waren all diese Symptome wie weggeblasen, und er wunderte sich darüber ganz gewaltig. Seine Unversöhnlichkeit und seine Boshaftigkeit waren verschwunden, und damit verschwand auch sein Magenleiden, das war die ganze Erklärung. Es klingt vielleicht fast schon wie ein Märchen, aber noch bevor er aus seinem Haus auszog, versöhnte er sich wieder mit seinem Sohn und seiner Schwiegertochter, die er beide drei Jahre zuvor zum Leidwesen seiner Frau verstoßen hatte, weil sie gegen seinen Willen geheiratet hatten. Sie können sich sicher vorstellen, wie glücklich seine Frau über diese Entwicklung war.

Barfuß durch die Hölle

Ein weiteres Beispiel für die Funktionsweise des Unterbewußtseins, welches ich im Buch »Wunderwerk Unterbewußtsein« nur kurz anreißen konnte und Ihnen ausführlicher schildern will, ist das folgende:
Sie haben vielleicht schon einmal Fernseh-Berichte aus asiatischen Ländern gesehen, in denen Menschen barfuß über glühende Kohlen gehen, ohne sich dabei zu verbrennen oder sich auch nur die kleinsten Blasen an den Füßen zu holen.
Meine Seminarleiterin und Freundin Monika Junghanns und ihr damals vierzehnjähriger Sohn Karsten hatten davon gehört, daß man das »Feuerlaufen« (barfuß über fast 900 Grad heißglühende Kohlen zu gehen) an einem Tag erlernen könne, und weil dies beide sehr interessierte, meldete sie sich und ihren Sohn spontan zu einem solchen Seminar an.
Als sie an einem Samstag morgen in den Seminarräumen in Sindelfingen bei Stuttgart eintrafen, warteten dort bereits 15 weitere Teilnehmer auf den Beginn des Kurses. Zunächst, so erzählte mir Monika, kam ein Lastwagen mit Brennholz angefahren und kippte es im Hof vor dem

Seminarraum ab. Daraufhin schichteten alle Teilnehmer gemeinsam die abgeladenen Holzscheite auf einer Länge von etwa sechs Metern und einer Breite von etwa eineinhalb Metern zusammen, und danach wurde das Ganze angezündet. Später wurde die Kohle aufgeschüttet, und dann warteten alle, bis die Glut perfekt war (etwa 880 Grad Celsius). In der Zwischenzeit machte der Seminarleiter mit den Teilnehmern Konzentrationsübungen mittels sogenannter Phantasiereisen.

Die Anwesenden mußten sich zunächst völlig entspannen; dann wurden sie mittels innerer Bilder auf eine grüne Wiese oder an einen schönen Strand geführt. All dies diente dem Ziel, den Füßen das Gefühl von Kälte zu suggerieren. Zwischendurch wurden die Personen vom Seminarleiter immer wieder aufgefordert, all ihre Ängste symbolisch dem brennenden Feuer vor dem Seminarraum zu übergeben. Später wurden mit den Teilnehmern noch Übungen mit der sogenannten kataleptischen Starre gemacht. Bei dieser Übung suggeriert man den jeweiligen Versuchspersonen völlige Körperstarre und legt sie dann mit dem Nacken und mit den Füßen auf die Oberkante von zwei Stühlen. Dazwischen schwebt der Körper quasi in völliger Starre und frei wie ein Brett in der Luft.

Am Nachmittag, als die Glut auf dem Hof dann 880 Grad Celsius erreicht hatte, wurden alle Teilnehmer zu dem rotglühenden Weg geführt. Es wurde noch einmal gefragt, ob jemand Angst habe, über die rote Glut zu gehen, und als sich eine Teilnehmerin meldete, wurde ihr dringend geraten, besser nicht beim Feuerlauf mitzumachen, weil eben die Angst die ganze Vorbereitung zunichte machen und zu bösen Verletzungen führen konnte. Die anderen vierzehn aber gingen ruhig, gelassen und barfuß über diese etwa sechs Meter lange

Strecke auf fast 900 Grad heißer, glühender Kohle, ohne daß sich auch nur einer der Teilnehmer dabei verbrannte. Zwar stand am Ende der Piste ein Eimer mit kaltem Wasser bereit, aber dieser diente lediglich dazu, eventuelle Rückstände von glühender Asche zwischen den Zehen zu löschen. Keiner der damals anwesenden Teilnehmer, so erzählte mir Monika weiter, hatte schon einmal etwas ähnliches gemacht, und für ihren vierzehnjährigen Sohn war es natürlich ein ganz besonderes Erlebnis, auf das er noch heute sehr stolz ist.

Sie sehen also, was man seinem Unterbewußtsein binnen Stunden für Suggestionen vermitteln kann, denn keiner der Teilnehmer hätte diese Strecke ohne vorherige geistige Vorbereitung bewältigen können, ohne sich nicht die schlimmsten Verbrennungen dabei zu holen.

In Christchurch kennengelernt

Ein Schweizer Ehepaar, das ich in Christchurch (Neuseeland) kennengelernt habe, erzählte mir die folgende Geschichte. Als die Ehefrau (vor etwa 30 Jahren) noch ein Teenager war, hörte sie von einem Lichtbilder-Vortrag über Neuseeland, der ganz in ihrer Nähe stattfinden sollte. Gemeinsam mit zwei Freundinnen besuchte sie diese Veranstaltung und ließ sich völlig begeistern von der Vielfalt und der Vegetation dieses wunderschönen Landes. Besonders die üppigen, grünen Regenwälder an der Westküste der Südinsel mit den Riesenfarnen hatten es ihr angetan. Als sie selbst knapp drei Jahre später heiratete und gleich darauf Zwillinge bekam, begrub sie zunächst die Hoffnung, ihr geliebtes Neuseeland irgendwann einmal besuchen zu können.

Gleichwohl verschlang sie aber über all die Jahre hinweg alle Bücher, die sie über ihr Traumland bekommen konnte.

Die Jahre gingen ins Land, und kurz vor Weihnachten 1989 heiratete ihre jüngste Tochter. Das junge Paar lud die Eltern ein, nach den Feiertagen gemeinsam mit ihnen Skifahren zu gehen, und deshalb richteten sich die Eheleute auf drei schöne Wochen gemeinsam mit den Kindern im Montafon (Österreich) ein.

Am Heiligen Abend, die Koffer mit der Skiausrüstung waren längst gepackt, erklärte der Schwiegersohn dann, er hätte sie leider beschwindelt mit dem Skiurlaub, und sie könnten die Anoraks und Pullover wieder auspacken. Während er dies sagte, legte er ein Kuvert auf den Tisch und bat seine Schwiegereltern, es zu öffnen. Etwas irritiert, griff die Dame des Hauses nach dem Umschlag und zog einen Brief heraus. Sie erkannte die Handschrift ihrer Tochter. Atemlos begann sie zu lesen:

»Liebe Mutti,
es tut mir leid, daß wir Euch mit unserem gemeinsamen Urlaub im Montafon beschwindelt haben. Aber wir wollten Euch beiden eine ganz besondere Überraschung bereiten. Für Dich und Vati haben wir drei Wochen Neuseeland gebucht, und übermorgen fliegt Ihr mit der Air New Zealand von Zürich aus nach Oakland, von da aus beginnt drei Tage später Eure Rundreise quer durch die Nord- und Südinsel, wo Du dann endlich Deine geliebten Riesenfarne live sehen und erleben kannst. Wir beide hingegen müssen mit einer Woche Montafon vorliebnehmen, da es geschäftlich bei Wolfgang nicht anders machbar ist.«

Ein Traum wird wahr

Total verwirrt entnahm die Mutter dem Umschlag dann noch zwei Flugtickets, und erst im Laufe des Abends konnten die Eltern ihr Glück so richtig fassen. Sie, die Mutter, hatte ein Leben lang einen Traum gehabt, ihn ständig weiter genährt, und jetzt, nach so vielen Jahren, hatte er sich schließlich materialisiert. Ihr Traum wurde wahr, ohne daß sie selbst etwas dazugetan hatte. Der Kanal, durch den die Wunscherfüllung zustande kam, lief über ihren Schwiegersohn, aber es hätten ebenso hunderttausend andere Kanäle sein können, durch die das Unterbewußtsein ihren Wunsch hätte realisieren können. In der Bibel lesen wir dazu: »Meine Wege sind nicht Eure Wege, und so wie der Himmel höher ist als die Erde, so sind meine Wege höher als Eure Wege« (Jesaia 55,9).

Es ist also sehr wichtig, Ihrem Unterbewußtsein zu vertrauen und ihm vor allem nicht vorschreiben zu wollen, auf welchem Weg sich Ihr Wunsch oder Ihre Erwartung erfüllen soll. Manchmal bin ich fast der Meinung, daß es dem Unterbewußtsein ein ganz besonderes Vergnügen bereitet, uns genau dann mit einer Wunscherfüllung zu überraschen, wenn wir selbst am wenigsten damit rechnen. Hören Sie also auf, mit Ihrem Bewußtsein ständig an der Wunschverwirklichung drehen zu wollen.

Beispiel: Sie suchen einen neuen Arbeitsplatz und erhalten drei Zuschriften. Voll Erwartung, daß dies die Antwort auf Ihre Bitte an Ihr Unterbewußtsein ist, absolvieren Sie nun die drei Vorstellungstermine und alle gehen schief. Seien Sie dann bitte nicht frustriert, denn damit könnten Sie das Programm, das Sie gestartet haben, schon wieder stoppen und ins Gegenteil verkehren, weil Sie bereits wieder negative Gedankenbilder produzieren. Vielleicht rutschen Sie eine Woche später auf einer Bananenschale aus und fallen Ihrem neuen Arbeitgeber direkt vor die Füße, wer weiß!

Deshalb akzeptieren Sie alle Geschehnisse auf dem Weg zu Ihrem Ziel als unabänderliche Notwendigkeit und bleiben Sie bei Ihren positiven Vorstellungen und Affirmationen. Ihr Unterbewußtsein kann nur dann arbeiten, wenn Sie den Motor ständig mit Benzin versorgen, und dieser Treibstoff ist nun einmal Ihre Überzeugung und Vorstellung von dem, was Sie wirklich haben wollen.

Wissen Sie, was Sie wirklich wollen?

Viele Menschen wissen gar nicht so recht, was sie eigentlich wollen. Sie wissen nur ganz genau, was sie nicht wollen, und darüber könnten sie tagelang referieren. Fragen Sie einmal Freunde oder Bekannte, was sie konkret wollen, und Sie werden meist zu hören bekommen: »Also, auf gar keinen Fall will ich...« Das Problem der meisten Menschen ist, daß sie nichts im Leben bejahen, sondern alles stets nur verneinen. Weil wir aber inzwischen wissen, daß das Unterbewußtsein eine Verneinung ebenso wie eine Bejahung behandelt, die ja nur umgekehrt wurde, haben so viele Menschen alle Arten von Problemen in und mit ihrem Leben – weil sie einfach aus Unwissenheit ihren inneren »Computer« falsch füttern.

Wenige Tage vor meiner Begegnung mit besagtem Schweizer Ehepaar in Neuseeland wollte ich in Australien unbedingt den Ayers Rock besteigen. Auf dem Weg dorthin machten meine Frau und ich einen Tag Station in

Alice Springs, dem roten Zentrum des australischen Kontinents, etwa hundert Kilometer vom Ayers Rock entfernt. Wir kamen bei etwa 52 Grad im Schatten an und sahen bereits bei unserer Fahrt vom Flughafen zum Hotel einige Aborigines (Ureinwohner Australiens) in kleinen Gruppen unter Bäumen oder Brücken sitzen, ohne etwas zu tun. Im Hotel angekommen, fragte ich an der Rezeption, warum diese Menschen so heruntergekommen aussähen und warum sie am Tag unter den Bäumen saßen und Bier tranken, anstatt zu arbeiten. Ich bekam die Antwort, daß der Staat diese Menschen erhalte, und zwar durch eine Art monatliche Rente, die für die Verhältnisse dieser Eingeborenen sehr üppig ist, weil sie erstens bei den Temperaturen, die dort herrschen, keine Wohnung benötigten, und zweitens für Essen und Trinken diese Zuwendung allemal ausreiche.

Die Aborigines dort haben sich im Laufe der Zeit in ihr Schicksal ergeben und vegetieren vor sich hin; kaum einer bemüht sich, diesen Teufelskreis zu durchbrechen. Sie sind wie Herdentiere, und so wandern sie auch mit ihren Plastiktüten in der Hand durch die Wüste.

Wer kapituliert, verliert

Während meines Aufenthaltes in Sydney zwei Wochen später sah ich andere Eingeborene, gepflegt, in feinstem Zwirn und am Steuer von Luxuslimousinen. Das belegt klar, daß es einige gibt, die nicht bereit waren, die »Kapitulation« zu unterschreiben und die ihr Leben beherzt und gegen alle Widerstände in beide Hände nahmen. Sie haben sich am Ende auch durchgesetzt, weil sie ein Ziel hatten – das Ziel, genausoviel zu erreichen wie die Weißen, die sich aus ihrer Sicht in ihrem Land breitgemacht hatten, und sie haben ihr Ziel letztendlich nur deshalb erreicht, weil sie es tausend- und aber tausendmal vorher in ihrer Vorstellung durchlebt und genossen hatten.

Die einzigen Fesseln, die einen Menschen begrenzen können, sind die, die er sich selbst anlegt.

Am Strand von Cornulla nahe Sydney beobachtete ich eine Weile zwei junge Australier, wie sie – anscheinend gut befreundet – mit dem Surfbrett ins Wasser gingen. Der größere der beiden versuchte sechs- oder achtmal, auf dem Brett stehend über die Wellen zu reiten, aber nachdem er immer wieder von seinem Surfboard herunterfiel, gab er bald entnervt auf und ritt ab sofort bäuchlings auf dem Brett liegend über die Wellen, was ihm ebenfalls sichtliches Vergnügen bereitete.

Der kleinere hingegen ließ sich nicht unterkriegen. So oft konnte er gar nicht vom Brett fallen wie er wieder bereit war, aufzusteigen. Dies alles beobachtete ich gegen 11 Uhr vormittags; kurz bevor wir wieder zu unseren Verwandten nach Sydney zurückfuhren, unternahm ich gegen 17 Uhr nochmals einen ausgiebigen Strandspaziergang. Plötzlich entdeckte ich meine beiden Freunde wieder; der eine lag nach wie vor auf dem Bauch, und der andere stand mit ausgebreiteten Armen mehr oder weniger sicher auf dem Brett, und ich sah ihn nicht ein einziges Mal wieder herunterfallen. Was glauben Sie, wer von den beiden es wohl weiterbringen wird in seinem Leben?

Es gibt keine von Gott bevorzugten oder benachteiligten Menschen, wir allein treffen die Entscheidung, wie glücklich oder unglücklich wir sind. Eine sehr nette Parabel, die hierzu paßt, fiel mir vor wenigen Tagen in die Hände, und ich möchte Sie Ihnen gerne erzählen.

Die »Rache« der Götter

Als die Götter wieder einmal zornig waren, weil die Menschen alles taten, was verboten war, setzten sie sich zusammen und berieten darüber, welche Strafe sie den Menschen auferlegen sollten. Sie einigten sich nach langem darauf, den Menschen das Glück zu nehmen, weil sie offensichtlich sowieso nichts damit anzufangen wußten. Einer der Götter meinte auf die Frage, wo man das Glück denn am besten verstecken könnte: »Wir verstecken es auf den höchsten Höhen der Berge, da kommen die Menschen nie hin!« »Nein«, sagte darauf ein anderer, »auf der Suche nach ihrem Glück kommen die Menschen eines Tages auch dorthin. Ich bin dafür, wir verstecken das Glück in den tiefsten Tiefen der Meere!« Nun meldete sich ein dritter zu Wort und sagte: »Auch dort werden sie auf der Suche nach dem Glück eines Tages hinfinden, aber ich habe die perfekte Lösung: Wir verstecken es einfach in den Menschen selbst, denn dort werden sie nie danach suchen!« Dieser Lösung stimmten auch die anderen Götter begeistert zu.

Natürlich ist dies nur eine Fabel, eine sehr tiefsinnige sogar, wie die meisten. Ihre Fähigkeit, glücklich zu sein, ist frei übersetzt nichts anderes als Ihr Vermögen, mittels Gedankenkraft das Leben nachhaltig zum Positiven hin zu verändern oder zu verbessern. Alles ist Energie, und jedem Energiefluß liegt immer eine Ursache und eine Wirkung zugrunde. Wie innen so außen, wie oben so unten, alles fließt, und alles ist immer in Bewegung. Stillstand oder Stagnation gibt es nirgendwo in der Natur. Sie, und nur Sie allein sind der einzige Denker in Ihrer Welt – und deshalb auch voll verantwortlich für alles, was sich in Ihrem Leben ereignet. Sie wissen ja, ohne Ursache keine Wirkung!

6. Kapitel

Mit offenen Augen imaginieren

»Niemand weiß, wie weit seine Kräfte
gehen, bis er sie versucht hat.«
JOHANN WOLFGANG VON GOETHE

Als ich heute mit meinem Auto nach Hause fuhr, bemerkte ich mit einem Blick auf die Uhr am Armaturenbrett, daß es bereits neunzehn Uhr war. Ich hatte großen Hunger, und da die Geschäfte bereits geschlossen hatten, überlegte ich mir rasch, was ich noch Eßbares im Hause hatte. Ich öffnete also vor meinem inneren Auge erst den Kühlschrank, dann die Tiefkühltruhe und ging beide im Geiste durch, während ich auf den rollenden Verkehr vor mir achtete. Ich sah deutlich die einzelnen Schubfächer des Tiefkühlschrankes vor mir, die Packung Blumenkohl mit Sahnesauce, die beiden Päckchen Chili con carne, den Rosenkohl, den angebrochenen Beutel Brokkoli und die Tupperware-Schüsselchen mit Linsengemüse, Spargel, Kraut und Braten, die mir meine Mutter eingefroren hatte. Ich ging alles in Ruhe durch und entschied mich dann für eine Lasagne, die noch von der letzten Eismann-Lieferung übrig war. Dies alles tat ich mit offenen Augen, während ich mit einhundertvierzig Stundenkilometern über die Autobahn fuhr. Manchmal fällt einem das Bebildern mit offenen Augen leichter als mit geschlossenen. Niemand kann deshalb ernsthaft behaupten, daß er sich nichts vorstellen könne. Ein weiteres Beispiel, mit dem Sie sich vergegenwärtigen können, wie gut man innere Bilder abrufen kann, ist, wenn Sie einem Menschen, der noch nie bei Ihnen zu Hause war, den Weg dorthin beschreiben. Jeder einzelne Punkt, ein Schild mit einem Ortsnamen, eine Kreuzung, an der abgebogen werden muß, ein Hochhaus – all das sehen Sie vor Ihrem inneren Auge, während Sie es schildern. So und nicht anders funktioniert die Imagination, und genauso, wie Sie diese Bilder produzieren, sollten Sie auch Ihre geistigen Wunschbilder erschaffen.

Jeder sieht Bilder

Viele beginnen mit ihrer geistigen Arbeit nur deshalb nicht, weil sie der Meinung sind, daß sie sich keine Bilder vorstellen können. Aber keine Angst, Ihr Unterbewußtsein versteht Sie schon richtig. Seien Sie versichert, es weiß genau, was Sie meinen, auch wenn Sie selbst glauben, daß Ihre Vorstellung nicht hundertprozentig funktioniert. Lassen Sie eine solche Ausrede nicht gelten, und üben Sie beispielsweise mit dem Inhalt Ihres Kühlschrankes (so wie ich dies eingangs geschildert habe), um sich selbst mehr Sicherheit zu geben. Legen Sie ungehemmt los, und malen Sie sich Ihre Zukunft, Ihre Wünsche und Pläne aus, so daß Sie Freude und Stolz dabei empfinden, wenn Sie diese Bilder abrufen, weil diese quasi das Wasser für den Zement sind, aus dem die Materialisierung auf dem Bildschirm des Raumes eines Tages hervorgehen wird. Freude und Angst sind Multiplikatoren und damit die besten Partner bei der Verwirklichung. Deshalb verändern Sie ein inneres Bild, bei dem Sie Angst empfinden, sofort in eines, das Ihnen Freude macht. Wenn Sie zum Beispiel Angst haben, zu Ihrem Chef zu gehen und um Gehaltserhöhung zu bitten, weil Sie fürchten, er könne anfangen zu toben und Sie hinauswerfen, dann lösen Sie sich schnell wieder von dieser Vorstellung und imaginieren Sie, wie er Sie freundlich empfängt, Ihnen Platz anbietet und Ihnen zusagt, die Angelegenheit wohlwollend zu prüfen. Sie werden feststellen, daß dann auch die Angst von Ihnen weicht und von Tag zu Tag mehr Zuversicht aufkommt. Glauben Sie daran, daß es ein erfolgreiches Gespräch wird, imaginieren Sie den Ablauf, vertrauen Sie Ihrer inneren Kraft, und sehen Sie, was passiert.

Kommissar Zufall

Wie oft hört man, daß bei der Aufklärung eines Verbrechens der sogenannte Kommissar Zufall beteiligt war. Wahrscheinlich werden die Medien diesem Herrn noch jahrzehntelang Verdienste zuschreiben, ohne darüber nachzudenken, warum sie gerade ihn so oft bemühen müssen. Ein Mensch, der ein Verbrechen begeht, wächst zunächst jahrelang in einer Gesellschaft mit bestimmten Werten und Regeln auf, und wenn er diese verletzt, dann weiß sein Unterbewußtsein dies genausogut wie sein Wachbewußtsein. Der kleinste Same von Schuldgefühl, verbunden mit der Angst, erwischt zu werden, wirkt – wie wir wissen – wie Dünger. Dies ist meist der Grund, weshalb die bestausgeklügelten Coups aufgedeckt und die Täter festgenommen werden können. Gehen Sie einmal in ein Kriminalmuseum und schauen Sie sich die Utensilien an, durch die viele Täter überführt wurden.
Das Unterbewußtsein nimmt nämlich immer nur eine Bejahung an, niemals eine Verneinung, eine solche betrachtet es lediglich als eine umgekehrte Bejahung und

als nichts anderes. Wenn ein Verbrecher beispielsweise denkt: »Hoffentlich habe ich keinen Fehler gemacht und nichts übersehen!«, welches Gefühl spricht er dabei an? Die Freude darüber, daß er fehlerlos gehandelt hat, oder die Angst, doch etwas übersehen zu haben? Natürlich ist es die Angst und die daraus resultierende Unsicherheit und Nervosität, also genau jene Multiplikatoren, die das innere Angstbild vor einer Verhaftung und dem Gefängnis so gewaltig verstärken, daß das Unterbewußtsein völlig davon überzeugt wird, genau diese Situation zu materialisieren, sprich hervorbringen zu müssen.

Verbrechen, die lange vorher geplant wurden, unterscheiden sich dabei durch nichts von spontanen Taten. Bei den meisten Tätern kommt ein schlechtes Gewissen, die eigene Tat betreffend, dazu, was die Verhaftung beziehungsweise die Angst davor noch zusätzlich verstärkt. Nun betrachten wir uns einmal die Gegenseite, die Polizei, die beauftragt ist, Verbrechen aufzuklären. Sie hat ein ganz anderes Vorstellungsbild von der Situation. Sie handelt mit gutem Gewissen, mit der moralischen und geistigen Unterstützung von Millionen unbescholtener Bürger und mit der Gewißheit, daß statistisch über neunzig Prozent der Verbrechen auch aufgeklärt werden. Wenn diese zwei Fronten einander gegenüberstehen, die Gesellschaft, also das Bewußtseinsbecken von Recht und Ordnung, und die Verbrecher, das Bewußtseinsbecken von Unrecht und Unordnung, dann behält immer das Dominierende von beiden die Oberhand. Ein Verbrecher oder Mörder, der kein Gewissen und keine daraus resultierende Angst hat, wie dies etwa bei Profikillern der Fall ist, hat – gerade weil dies so ist – die größte Chance, unerkannt zu bleiben.

Wie oft wird die Planung eines Verbrechens bis ins kleinste Detail ausgeklügelt, die Tat perfekt durchgeführt, und alles scheitert dann an einer achtlos weggeworfenen Zigarettenkippe. Wie viele Gangster sind schon an ihrem eigenen Angstbild, es könnte unvorhergesehen jemand dazwischenkommen, gescheitert, weil diese Angst so stark war, daß das Unterbewußtsein dann auch genau für eine solche Situation gesorgt hat.

Ein schlechtes Gefühl oder schlechtes Gewissen als inneres Angstbild, das sich materialisiert, das ist der sogenannte »Kommissar Zufall«, und nichts anderes, denn das Gesetz des Geistes ist nun einmal perfekt. Es gibt keine Ausnahmen, es wirkt bei jedem und ist kein auf einen bestimmten oder privilegierten Personenkreis abgestimmtes Produkt des Universums.

Notlagen

Immer wieder werde ich von Menschen darauf angesprochen, was man denn tun könne, wenn man sich in einer finanziellen Notlage befindet. Deshalb werde ich jetzt noch einmal sehr ausführlich auf dieses Thema eingehen.

Zunächst möchte ich dazu etwas Provokantes sagen: »In Geldnot ist nur derjenige, der Geld ständig von sich weist!« Sie werden mir, wenn Sie gerade in einer ähnlichen Situation sind, sicher entgegnen: »So ein Quatsch, ich versuche doch alles Mögliche, um an Geld oder einen neuen Job heranzukommen.« Da es sich aber bei meiner Behauptung, wie Sie bereits wissen, um die Interpretation eines Naturgesetzes handelt, möchte ich Sie im folgenden von der Richtigkeit dieser Behauptung überzeugen, damit Sie schnellstens handeln können, um sich dem Fluß des Geldes wieder zu öffnen. Jemand Kompetenteren als mich hätten Sie gar nicht finden können, denn auch mir stand jahrelang das Wasser bis zum Hals. Als ich endlich begriffen hatte, woran es lag, war es letztlich eine Sache von wenigen Wochen, um mich aus diesem Teufelskreis zu befreien.

Sehen wir uns zuerst einmal an, welche geistigen Bilder jemand produziert, der in finanziellen Schwierigkeiten steckt. Der dominierende Gedanke, vierundzwanzig Stunden am Tag, ist der der Sorge und Angst. Wir malen uns aus, wie wir argumentieren müssen, um die Bank, die Versicherung oder auch die Leasing-Firma unseres Autos einige Zeit zu vertrösten und darüber hinaus auch den Eindruck zu erwecken, daß es sich nur um eine kleine Verzögerung handelt, die sich aufgrund widriger Umstände eben gerade so ergeben hat. Ständig begleiten uns diese Überlegungen, und die geistigen Bilder spiegeln genau dasselbe in uns wider. Wenn Sie es schaffen, aus diesem Verlustdenken auszusteigen und statt dessen ins Gewinndenken einsteigen, dann ändern sich die Umstände auch für Sie meist recht schnell. Als ich diese wahrhaft goldene Regel in ihrer ganzen Tragweite erkannt und umgesetzt habe, war die Zeit des Mangels auch schon vorbei.

Setzen Sie sich in einer solchen Situation fünf- bis sechsmal zehn Minuten am Tag ganz ruhig hin, und erleben Sie geistig, wie Sie beispielsweise eine große Geldsumme auf Ihr Bankkonto einzahlen. Spüren Sie die Scheine oder den Scheck in Ihren Händen, und lassen Sie sich von der Kassiererin dazu gratulieren, daß Sie jetzt nicht nur das Konto ausgeglichen haben, sondern darüber hinaus über ein stattliches Guthaben verfügen. Leben Sie diese Szene so intensiv wie möglich, und fühlen Sie sich innerlich so, als würden Sie alles in diesem Moment »live« erleben.

Das kann ich mir nicht leisten

Sie wissen genau, wie man sich in einer solchen Situation fühlt, und deshalb müssen Sie alles, was Sie haben, in diese zehn Minuten, fünf- bis sechsmal pro Tag, hineinlegen.

Immer dann, wenn wieder negative Gedanken aufkommen, auch wenn dies hundertmal am Tag der Fall sein sollte, sagen Sie sich, daß dies zwar im Moment noch so sei, Sie aber die nähere Zukunft bereits kennen würden, weil Sie die Funktionen des Geistes kennen. Lassen Sie dann ein Dreißig-Sekunden-Kurzprogramm Ihres Zehn-Minuten-Films zur Unterstützung Ihrer Behauptung ablaufen. Ob Sie dies mit geschlossenen oder offenen Augen tun, ist völlig unerheblich. Konzentrieren Sie sich aber immer sofort auf das, was Sie wollen, und nicht auf das, was Sie nicht wollen. Machen Sie, während Sie dies alles tun, niemals, niemals, niemals eine negative Aussage über Geld, wie etwa: »Das kann ich mir nicht leisten!«, »Das kann ich doch nicht bezahlen!«, »Schon wieder eine Rechnung, ich verzweifle bald!« oder ähnliches. Blättern Sie, wenn Sie nichts zu tun haben, Reiseprospekte oder Kataloge mit Einfamilienhäusern, Schmuck, Autos und anderen schönen Dingen des Lebens durch und suchen Sie sich das aus, was Ihnen gefällt. Planen Sie den Grundriß Ihres Wunschhauses, fühlen Sie als Frau die Diamantenclips an Ihren Ohren, die Sie sich schon lange wünschen, und tun Sie alles Mögliche, um aus dem Denkschema des Mangels herauszukommen. Wenn Sie so vorgehen, und vor allem, wenn Sie ganz konsequent einige Wochen lang unbeirrt durchhalten, dann wird die Lösung, Ihre Situation betreffend, unfehlbar zu Ihnen kommen müssen.

Meine letzten zwanzig Mark

Nun einige Beispiele aus meiner eigenen Erfahrung mit genau dieser vorstehend geschilderten Arbeit, die ich persönlich leider erst dann begann, als es so aussah, als ob alles schon zu spät sei; trotzdem war das Problem innerhalb weniger Wochen beseitigt. Wer von Ihnen mein Buch »Nichts ist unmöglich« gelesen hat, der kennt die Geschichte mit den letzten zwanzig Mark, die ich am Tresen feierlich auf den Kopf hauen wollte. Ich schrieb darin auch, wie schnell ich wieder an einen großen Auftrag kam, aber dazwischen lagen noch viele kleine Begebenheiten, von denen ich im folgenden einige schildern möchte.

Es begann alles damit, daß ich zunächst eine überraschende Rückzahlung von meiner Auto- sowie der Krankenversicherung im Wert von einhundertneunundachtzig Mark erhielt. Mit diesem Geld war meine Versorgung wieder für einige Tage gesichert, denn die Bank hatte damals kurz zuvor mein Konto eingefroren. Eine Woche später erhielt ich von der Versicherungsgesellschaft, mit der ich arbeitete, einen Verrechnungsscheck über sechshundert Mark aufgrund der dynamischen Anpassung einiger vor Jahren abgeschlossener Lebensversicherungen. Beachten Sie bitte, daß dies alles erst dann geschah, als ich mit meiner geistigen Arbeit etwa sieben Tage unbeirrt fortgefahren war. In den Monaten zuvor hatte sich überhaupt nichts in dieser Richtung getan. Ein Freund, den ich Wochen zuvor versucht hatte anzupumpen, meldete sich bei mir und meinte, er hätte über unser Gespräch nachgedacht und sei zu dem Entschluß gekommen, mir zweitausend Mark zu leihen, denn schließlich würde es auch zu einer Freundschaft gehören, sich gegenseitig zu helfen. Damit konnte ich nun die Autorate und die Miete für drei Monate bezahlen. Als ich kurz darauf die Finanzierung von zwei Häusern übertragen bekam (dies ist jener Großauftrag, den ich eingangs erwähnt habe), konnte ich meine Bank aufgrund der zu erwartenden, nachweisbaren Provision wieder dazu bewegen, Überweisungen und Schecks für die wichtigsten Dinge einzulösen. Nach zwei Monaten kam die Provision aus der Finanzierung der beiden Häuser, die wesentlich dazu beitrug, daß mein Konto sehr viel freundlicher aussah.

Klar, daß ich nun ständig weiter an mir arbeitete, denn mir war vollkommen bewußt geworden, daß es nur die Disziplin und das Durchhaltevermögen – mein geistiges Programm betreffend – waren, die die wirtschaftliche und finanzielle Wende letztendlich einleiteten. Einige Wochen danach hatte ich bereits wieder Termine und Abschlüsse für den Finanzierungsbedarf des nächsten halben Jahres in der Tasche.

Eines Morgens, ich saß gerade beim Frühstück, rief mich der Direktor jener Versicherungsgesellschaft an, deren Scheck über sechshundert Mark mir Wochen zuvor aus dem Gröbsten herausgeholfen hatte. Er teilte mir mit, daß man bei der Durchsicht meines Provisionskontos eine Differenz von zehntausendzweihundert Mark festgestellt habe. Gerade als mein Magen auf flau umschalten wollte (denn ich vermutete, daß ich diesen Betrag zu zahlen hätte), fragte er mich, ob man mir den Scheck zusenden solle, oder ob ich lieber persönlich vorbeikommen wolle, um ihn abzuholen. Sofort ebbte der Adrenalinstoß ab, und große Freude machte sich breit. Zehntausendzweihundert Mark aus heiterem Himmel! So ruhig wie nur möglich fragte ich, wie denn eine solche Differenz zustande kommen konnte, und dabei schlug mein Herz bis zum Hals. Er erklärte, daß ich in meinem Vertrag mit seiner Gesellschaft eine Klausel hätte, nach der keine Rückstellung der verdienten Provisionen für even-

tuelle Stornofälle vorgesehen sei. Da dies aber unge-
wöhnlich wäre, habe man erst jetzt bemerkt, daß versehentlich über einen längeren Zeitraum hinweg genau
diese Rückstellung bei meinen bisher ausbezahlten Provisionen abgezogen worden war, und so stünde mir nun
dieser irrtümlich einbehaltene Betrag zur Verfügung. Eine
Stunde später (schneller ging es nicht) war ich bei der Di-
rektion der Gesellschaft und holte mir mein Geld in Form
eines Schecks ab. Als ich dann zur Bank kam und den
Scheck dort einreichte, benutzte die Dame, die mir in
meiner Imagination wochenlang zu meinem Erfolg gratu-
liert hatte, fast genau dieselben Worte, die sie in meiner
Vorstellung zu mir sprach.

Dieses Erlebnis trug endgültig dazu bei, daß ich mich dem
konstruktiven Denken von nun an mit Haut und Haaren
widmete. In der Folgezeit verdiente ich regelmäßig gutes
Geld, und so entschloß ich mich eines Tages dazu, ein eigenes Haus zu imaginieren. Ich dachte mir: Was einmal
geht, geht immer. Ich war zwar noch Junggeselle, aber das
mußte nicht bedeuten, daß ich nicht bauen durfte. Also
begann ich, mir mein eigenes Haus vorzustellen, das ich
zunächst imaginär von oben bis unten einrichtete und in
dem ich von nun an viele Minuten des Tages geistig verbrachte. In der Garage stellte ich mir mein Auto – einen
weißen Porsche Turbo mit schwarzen Ledersitzen, Klima-
anlage und allen Extras, die es für diesen Wagen gab –
vor. Diesen Vorstellungen ging ich zwei Jahre lang jeden
Tag nach. Inzwischen schrieb man das Jahr 1984, und ich
war Ende September gerade von einem vierzehntägigen
Kanadabesuch zurück, als mich einer meiner damaligen
Kollegen zu einer Bauplatzbesichtigung einlud, um mir die
Plätze und Kunden vorzustellen, für die ich in den nächsten Wochen Baufinanzierungen zu tätigen hätte. Während dieses Besichtigungstermins entschloß ich mich ganz

spontan zum Bauen, reservierte mir einen kleinen Bauplatz und unterschrieb eine Stunde später den Vertrag für eine Doppelhaushälfte.

Ich hatte inzwischen ein wenig Eigenkapital auf die Seite gelegt, und so war auch die Finanzierung nicht besonders schwierig. Da das Haus noch eingerichtet werden mußte und Garage, Stellplatz und Außenanlage ebenfalls an meinem Budget zehrten, verfiel ich im Laufe der Zeit wieder etwas ins altgewohnte Mangeldenken und strich deshalb kurzerhand geistig den zuvor über lange Wochen sorgsam imaginierten Porsche. Da nahm mich doch wieder das alte Programm in Beschlag: Wer bauen will, kann sich nicht ein so teures Auto leisten!

Ich erkannte nicht, daß ich diesen Traum ruhig hätte weiterträumen können, sondern verfiel ins begrenzte Denken. Mein Haus, die Kosten und alles, was damit zusammenhing, beschäftigten mich so sehr, daß ich all meine guten Vorsätze der täglichen Arbeit mit mir selbst vernachlässigte und wieder so richtig ins Massenbewußtsein abrutschte. Nach Ablauf einiger Monate bemerkte ich anhand der verschiedensten Begebenheiten um mich herum, daß ich im Begriff war, in mein altes Fahrwasser zu geraten; deshalb nahm ich mich sofort wieder in die Pflicht und konnte nach wenigen Wochen abermals feststellen, wie wertvoll und fruchtbar diese Arbeit war.

Fünf Jahre später – mein Haus war inzwischen längst bezogen – wollte ich mir ein neues Auto kaufen und liebäugelte damals mit einem Porsche 944. Eines Tages war ich zu Besuch bei Freunden, und während des Gesprächs kamen wir auch auf das Thema Auto. Einige der Anwesenden waren der Meinung, daß ein 944er wohl mehr ein Audi als ein Porsche sei und ich solle mir, wenn schon, gleich etwas »Vernünftiges« kaufen. Da meinte der Gastgeber, er hätte da etwas in der Garage stehen, das ich mir doch einmal anschauen sollte. Ich ging mit ihm zur Garage hinunter, und als er das Tor öffnete, fielen mir fast die Augen aus dem Kopf. Vor mir stand – Sie haben es bestimmt schon erraten – bis auf das I-Tüpfelchen genau jener weiße Porsche 911 Turbo, mit dem ich zwei Jahre lang in meiner imaginären Garage rangiert hatte, bevor ich ihn aufgrund meines neu aufgeflammten Mangeldenkens wegen des vor kurzem erstandenen Hauses wieder aus meiner Imagination strich. Natürlich feilschten wir noch etwas wegen des Preises, aber einen Tag später gehörte das Auto schließlich mir. Mein Unterbewußtsein hatte nichts, aber auch gar nichts vergessen, und hätte ich mich nicht eine Zeitlang so dämlich angestellt, hätte ich das Auto bestimmt schon früher bekommen.

Diese Begebenheit zeigte mir ganz deutlich, daß man nie mit den täglichen Bejahungen und Visualisierungen aufhören darf. Es ist wie beim Leistungssport: Gute Ergebnisse erzielt nur der, der täglich und ausdauernd trainiert. Und Profis trainieren täglich! Wenn mir vor Jahren ein Mensch gesagt hätte, daß ich einmal drei Bücher schreiben würde, hätte ich ihn wahrscheinlich für verrückt erklärt. Deshalb begrenzen auch Sie sich nicht. Alles, was Sie imaginieren und bejahen, das können Sie auch erreichen – unter der Voraussetzung, daß Sie lange genug, mit viel Geduld und heißem Herzen dranbleiben. Was steht dazu sinngemäß in der Bibel: »Sie sollen das Leben haben, und sie sollen es in Fülle haben.«

Wenn Sie sich selbst etwas wert sind und auch bereit, einige Mark in sich und Ihre Zukunft zu investieren, dann sollten Sie einmal in eines meiner Drei-Tages-Aktiv-Seminare kommen. Das, was Sie dort erfahren, haben Sie wahrscheinlich noch nie zuvor erlebt, und Sie werden feststellen, daß Sie nach diesem Seminar nicht mehr derselbe Mensch sind wie zuvor.

7. Kapitel

Oft geschehen Zeichen und Wunder

> *»Erfolg hat nur, wer etwas tut,*
> *während er auf den Erfolg wartet.«*
>
> THOMAS ALVA EDISON

Ein Freund, den ich ab und an bei einem Seminar traf, erzählte mir einmal Folgendes.

Eine Frau aus Frankfurt, die über ein paar Ecken mit ihm verwandt ist, erlebte eine sehr schöne Geschichte, deren Anfang weit in die letzten Kriegsjahre zurückgeht. Damals lernte sie beim Geburtstagsfest ihrer Freundin einen netten jungen Soldaten aus Hanau kennen, der gerade auf Genesungsurlaub zu Hause weilte. Sie verliebten sich Hals über Kopf ineinander, und noch bevor er wieder ins Feld und damit nach Rußland zurückkehrte, heirateten die beiden kurzentschlossen. Anscheinend waren sie von der besonders schnellen Truppe, und so ergab es sich, daß bereits neun Monate später ein kleiner Sohn das Glück der beiden fast perfekt gemacht hätte, wäre da nicht jene Vermißtenmeldung aus Stalingrad dazwischengekommen, die die junge Mutter am 12. Dezember 1944 grausam aus all ihren Zukunftsträumen riß.

Qualvolle Stunden

Als Anfang der 50er Jahre dann die ersten Rußland-Heimkehrer am Frankfurter Hauptbahnhof ankamen, stand auch sie mit ihrem Sohn auf dem Arm und einem Herzen voller Hoffnung unter den Tausenden von Frauen, die mit einem Bild ihres Mannes oder Sohnes in der Hand darauf hofften, von einem der Heimkehrer ein Lebenszeichen aus dem fernen Rußland zu erhalten. Aber auch der letzte Zug mit Kriegsheimkehrern brachte keine Nachricht.

Die Jahre gingen ins Land, und irgendwann im Frühling 1963 fiel ihr »zufällig« das Buch »Die Macht Ihres Unterbewußtseins« von Dr. Joseph Murphy in die Hände. Nachdem sie es zu Ende gelesen hatte, entschloß sie sich spontan, ihr höheres Selbst zu befragen, ob ihr Mann noch lebte oder ob er in der damaligen Sowjetunion den Tod gefunden hatte. Also sprach sie mit ihrem Unterbewußtsein auf folgende Weise: »Die unendliche Intelligenz in mir ist zeit- und raumlos. Ihr ist der jetzige Aufenthaltsort meines Mannes bekannt. Ich beauftrage deshalb diese immense Kraft in meinem Inneren, mir jetzt klar und deutlich ein Zeichen zu geben, ob mein Mann noch lebt oder nicht!« Dies tat sie konsequent jeden Abend vor dem Einschlafen und in der Früh.

Etwa vier Wochen danach hatte sie einen etwas merkwürdigen Traum: Sie sah ihren Mann am Rande eines Swimmingpools stehen, und es sah so aus, als ob er diesen reinigen würde. Er war zwar älter geworden und trug jetzt einen Oberlippenbart, aber er war es, das fühlte sie ganz deutlich. Er lächelte ihr zu, so daß sie das Gefühl hatte, er wolle ihr signalisieren, es ist alles in Ordnung, es geht mir gut, ich lebe noch.

Der Traum

Am nächsten Morgen erzählte sie ihrem inzwischen neunzehnjährigen Sohn von diesem Traum und sagte:

»Ich glaube, das war die Antwort von meinem Unterbewußtsein; ich bin ganz sicher, daß dein Papa noch lebt!« Ihr Sohn war allerdings der Meinung, daß – wenn ihr Unterbewußtsein schon wisse, daß der Vater noch lebt – man es doch sicher auch befragen könne, wo er sich denn momentan aufhalte. Gemeinsam beschlossen die beiden, daß die Mutter ab sofort ihr Unterbewußtsein wie folgt instruieren sollte: »Ich danke meinem Unterbewußtsein von ganzem Herzen für die Antwort, die ich auf meine Fragen nach dem Lebenszeichen meines Mannes erhalten habe. Nun bitte ich diese immens weise Kraft in meinem Inneren, mir klar und unmißverständlich zu enthüllen, wo sich mein Mann jetzt befindet und wie ich zu ihm gelangen kann!«

Zwei Jahre danach – und denken Sie bitte immer daran, sie sprach diese Bejahung mehrmals tagtäglich ohne aufzugeben – geschah das sogenannte Wunder. Sie war von Freunden zu einem Urlaub an der Adriaküste überredet worden, und so fuhr man im August 1965 gemeinsam ins italienische Milano Marittima zum Camping. Der Urlaub war fast schon zu Ende, als sie eines Abends keine rechte Lust verspürte, mit den anderen in eine Pizzeria zu gehen. Sie fühlte sich an diesem Tag sehr melancholisch, und so spazierte sie allein an der Strandpromenade entlang.

Plötzlich sah sie am Swimmingpool eines Hotels, an dem sie gerade vorbeiging, einen Mann stehen, der allem Anschein nach dabei war, diesen zu reinigen. Irgend etwas in ihr sagte ihr, daß dies exakt dasselbe Bild war wie jenes damals im Traum, und so ging sie ganz mechanisch und wie von unsichtbarer Hand geführt auf diesen Swimmingpool zu. Als sie etwa einen Meter hinter dem Mann stehenblieb, drehte sich dieser unvermittelt um, und als sie sein Gesicht im Widerschein der Lichter des Swimmingpools sah, stockte ihr der Atem und ihr Herz schlug bis zum Hals. Sie stand nämlich vor dem Mann, den sie im Jahr 1943 geheiratet hatte. Sie erkannte ihn sofort wieder, obwohl er an den Schläfen schon etwas grau geworden war und jenen Oberlippenbart trug wie damals, als er ihr in ihrem Traum erschienen war. Auch er war wie vom Blitz getroffen und erkannte sie ebenfalls sofort wieder.

Überflüssig zu sagen, was dann geschah. Tagelang redeten und redeten sie. Dabei stellte sich Folgendes heraus: Er hatte bei einem Bombenangriff das Gedächtnis und die Stimme verloren und war im Gefangenenlager versehentlich zu den Italienern gesteckt worden, weil er mit seinen schwarzen Locken und den dunklen Augen sehr südländisch aussah. Das einzige, woran er sich mit der Zeit wieder erinnern konnte, war seine Frau, denn ihr Bild trug er stets bei sich, aber er konnte sich weder an ihren Namen erinnern noch daran, woher er kam. Durch das Wiedersehen wurde ihm dann quasi der Schleier des Vergessens endgültig von den Augen genommen, und mit der Hilfe seiner Frau kehrte sein Gedächtnis nach und nach wieder zurück.

Endlich wieder eine Familie

Er kündigte daraufhin seinen Job in jenem Ferienhotel, in dem er als »Mädchen für alles« beschäftigt war und fuhr zusammen mit seiner Frau und deren Freunden nach Deutschland zurück, wo er seinen inzwischen einundzwanzigjährigen Sohn zum erstenmal sah.

Die Macht ihres Unterbewußtseins hatte diese Frau ganz zielsicher zurückgeführt zu ihrem Ehemann, weil sie es dementsprechend instruiert hatte, so einfach ist das.

Unnötig zu betonen, daß diese Frau an den Gesetzen des Geistes nicht mehr zweifelt, und auch Sie sollten diese Geschichte zum Anlaß nehmen, sich spätestens jetzt sehr intensiv mit dieser immensen Kraft in Ihrem Inneren zu beschäftigen. Vielleicht können auch Sie ein ähnliches Problem mit dieser Technik lösen.

Jene Frau aus Frankfurt gab ihre Imaginationen und Hoffnungen niemals auf, auch dann nicht, als nach zehn oder zwölf Monaten noch nichts geschehen war. Im Gegenteil, sie verstärkte ihre geistige Arbeit sogar noch, denn ihr Ziel, ihren Mann wiederzufinden, war ihr wichtiger als alles andere auf der Welt. Deshalb sollten auch Sie Ihr Unterbewußtsein immer nur um die Dinge bitten, die so wichtig für Sie sind, daß Sie auch die Kraft haben, bis zum Ende durchzuhalten.

Wichtig: Positives Denken und eine gute Ausbildung

Ich kenne eine Menge junger Leute, für die Bücher wie dieses hier aber auch das pure Gift sein können. Auch Seminare, die in dieselbe Richtung zielen, können oft genau das Gegenteil bewirken. Wer nämlich glaubt, er könne ab und an je nach Laune eine Bejahung sprechen und dann, wenn nichts Wichtigeres anliegt, etwas imaginieren, ansonsten aber frei nach dem Motto verfahren »Arbeit geh weg, ich komme!«, der kann dabei ganz schön auf die Nase fallen.

Selbstverständlich muß gerade im Berufsleben eine fundierte Ausbildung und der Wille, etwas leisten zu wollen, mit den Affirmationen und Imaginationen einhergehen, damit man am Ende gute und brauchbare Resultate erzielen kann. Einige junge Menschen, die schon immer faul waren, glauben sehr oft, mit dem konstruktiven Denken das »Ei des Kolumbus« gefunden zu haben und erwarten stündlich, daß ihnen ein Sack voller Geld vom Himmel herab vor die Füße fällt oder daß am Samstag die richtigen Lottozahlen gezogen werden. Das Leben belohnt aber immer nur diejenigen, deren äußere Handlungen mit den inneren Bejahungen und Vorstellungsbildern übereinstimmen.

Mogeln geht nicht

Ein junger Mann namens Tobias lebte jahrelang weit über seine Verhältnisse; er trug nur die teuersten italienischen Maßanzüge und fuhr die schönsten Nobelkarossen. Von Arbeit hielt er generell gar nichts, und so erschwindelte er sich durch sein zugegeben sehr sicheres Auftreten von seinen Eltern eine große Bürgschaft, die von den fleißigen und arbeitsamen Leuten in dem Glauben eingegangen wurde, daß ihr Sohn einfach einmal Pech gehabt habe und die Dinge in kürzester Zeit wieder ins Lot bringen könne. Als dieser junge Mann dann auch noch vom konstruktiven Denken hörte, wurde seine Bereitschaft zu arbeiten noch geringer als zuvor, denn er glaubte nun, durch ein paar während des Tages lapidar hingeworfene Sätze binnen weniger Wochen Millionär werden zu können. Seine Schulden wuchsen aber weiter, und eines Tages war der Ofen endgültig aus. Die Eltern mußten ihr sauer erarbeitetes Häuschen verkaufen, und er selbst stand vor einem Schuldenberg, der durch einen normalen täglichen Arbeitseinsatz kaum mehr abzutragen war. Natürlich verdammte er nun das konstruktive Denken, denn er erkannte nicht, daß er selbst sowie seine Faulheit und seine Inkonsequenz, die

Gesetze des Geistes richtig zu nutzen, die Alleinschuldigen an seiner Misere waren.

Wie alles im Leben hat auch das konstruktive Denken so gesehen seine Schattenseiten. Wer aber bereit ist, das, was er innerlich bejaht, auch äußerlich mit Taten zu untermauern, der wird immer Erfolg haben, denn es ist gerade die Zusammenwirkung von Bewußtsein und Unterbewußtsein, die letztendlich Ergebnisse erzielt. Ich kann nicht im Unterbewußtsein Reichtum und Glück bejahen, und andererseits im Bewußtsein überlegen, wie ich durch miese Tricks, Lügen, Betrügereien, Faulheit und zwielichtige Geschäfte zum Erfolg komme. Daraus muß zwangsläufig ein Bumerang werden. Wer also die Chancen des konstruktiven Denkens erkennt, der muß auch bereit sein, sich der Ehrlichkeit und Offenheit zuzuwenden, ansonsten gießt er nur noch mehr Öl in das ohnehin schon lodernde Feuer.

Die im vorherigen Beispiel erwähnte Frau aus Frankfurt, die nach fast zwanzig Jahren ihren verschollen geglaubten Mann wiederfand, hatte nur deshalb Erfolg, weil alles, was sie tat und dachte, sich auf ihr Ziel ausrichtete, und das mit einer ungeheuer großen Energie. Glauben Sie denn, es hätte funktioniert, wenn es ihr im Inneren ihres Herzens egal gewesen wäre, ob sie ihren Mann wiederfindet und sie sich jeden Monat von einem anderen Galan hätte trösten lassen?

Die Bibel verweist in diesem Zusammenhang auf Matthäus 18,19: »Wenn zwei von Euch übereinstimmen auf Erden in irgendeiner Sache, um die sie bitten, so wird es ihnen zuteil werden von Eurem Vater im Himmel!« Wer sind wohl die beiden, die Matthäus damit meint? Es sind nicht zwei Personen, es sind das Bewußtsein und das Unterbewußtsein; wenn diese beiden sich einig sind, also gemeinsam dasselbe wollen, dann werden sie auch gemeinsam Erfolge erzielen. Die Bibel ist der beste Lebenslehrer, den es gibt, wenn man es versteht, sie richtig zu lesen, nur wer kann das schon? Ich verweise hier auch auf mein erstes Buch »Nichts ist unmöglich«, in dem ich darüber berichte, welche Botschaften für uns alle in der Bibel verborgen sind.

Wichtige, profunde Weisheiten für jeden Tag

Im Folgenden möchte ich Ihnen gerne einige Sprüche und Zitate, unter anderem auch aus der Bibel, nahebringen, die Sie inzwischen sicherlich in einem neuen Licht sehen und die Ihnen bei Ihrer täglichen Arbeit helfen werden:

»Ist Gott für uns, wer mag wider uns sein.« (Römer 8,31)
»Ob tausend fallen an Deiner Seite, zehntausend zu Deiner Rechten, Dich trifft es nicht.« (Psalm 91,7)
»Es wird keine Plage Deiner Hütte sich nahen.« (Psalm 91,10)
»Was ich gefürchtet habe, ist über mich gekommen.« (Hiob, 23,25)
»So hoch wie der Himmel über der Erde ist, soviel sind meine Wege höher als Eure Wege.« (Jesaia 55,9)
»Ich der Herr offenbare mich ihm in Gesichtern und rede in Träumen zu ihm!« (Numeri 12,6)
»Der Mensch ist Geist und immerfort ergreift er das Werkzeug seines Denkens und erwählt sich, was er sich erwählen mag, tausenderlei Freuden oder tausenderlei Plag.«
»Wie er in seinem Herzen (Unterbewußtsein) denkt, so ist er.« (Sprüche 23,7)

»Am Anfang war das Wort, und das Wort war bei Gott, und das Wort war Gott.« (Johannes 1,1)

»Jesus aber sprach zu ihm: ›Wenn Du könntest glauben, alle Dinge sind möglich, dem der da glaubt.‹« (Markus 9,23)

»Ich will Euch Brot vom Himmel regnen lassen.« (Exodus 16,4)

»Im Stillehalten und Vertrauen besteht Eure Stärke.« (Jesaia 26,3)

»Gott, der uns dargibt reichlich allerlei zu genießen.« (1. Timotheus 6,17)

»Glaube, wenn er nicht Werke hat, ist er tot.« (Jakobus 2,17)

»Wirf Dein Anliegen auf den Herrn, der wird Dich versorgen ...« (Psalm 55,22)

»Der Schwache spreche: Ich bin stark!« (Joel 4,10)

»Ruf mich an, so will ich Dir antworten, und ich will Dir anzeigen große und gewaltige Dinge, die Du nicht weißt.« (Jeremia 33,3)

»... der Vater richtet niemand, sondern alles Gericht hat er dem Sohn gegeben.« (Johannes 5,22)

»... glaubet nur, daß Ihr's empfangen werdet, so wird's Euch werden.« (Markus 11,24)

»Und der Herr wird Dir seinen Schutz auftun, den Himmel, daß er Deinem Land Regen gebe zu seiner Zeit und daß er segne alle Werke Deiner Hände.« (5. Mose, 28,12)

»Ich bin gekommen, daß sie das Leben und volle Genüge haben sollen.« (Johannes 10,11)

»O Sohn des Geistes, ich erschuf Dich reich – wie kommt es, daß Du arm bist? Und machte Dich mächtig – wie kommt es, daß Du schwach bist? Und ließ Dich erstehen aus der eigentlichen Substanz von Liebe und Weisheit – wie kommt es, daß Du Dich mit jemand anderem beschäftigst. Wende Deinen Blick auf Dich, damit

Du finden mögest mich in Dir stehen, mächtig, stark, erhaben.« (Hinduweisheit)

»Hiob sagt: ›Im Traum, im Nachtgesicht, wenn der Schlaf auf die Leute fällt, wenn sie schlafen auf dem Bette, da öffnet er das Ohr der Leute ...‹« (Hiob 33,15–16)

»Nicht mein, sondern Dein Wille geschehe.« (Lukas, 22,42)

»So gebt dem Kaiser, was des Kaisers ist und Gott, was Gottes ist.« (Matthäus 22,21)

»In Umkehr und Ruhe liegt Eure Stärke.« (Jesaia, 30,15)

»... der in Euch ist größer als der in der Welt.« (1. Johannes 4,4)

»Richtet nicht, damit Ihr nicht gerichtet werdet. Denn mit welchem Gericht Ihr richtet, mit dem werdet Ihr gerichtet werden.« (Matthäus 7,1–2)

»Denn mit welchem Maß Ihr meßt, mit dem wird Euch wieder gemessen werden.« (Lukas 6,38)

»Beschließt Du eine Sache, wird's Dir gelingen und über Deinen Lebenswegen strahlt ein Licht.« (Hiob 22,28)

»Wenn zwei von Euch übereinstimmen auf Erden in irgendeiner Sache, um die sie bitten, so wird es ihnen zuteil werden von Eurem Vater im Himmel.« (Matthäus 18,19)

»Ich suchte den Herrn, da erhörte er mich und machte mich frei von allen meinen Ängsten.« (Psalm 34,5)

»Eh sie rufen, will ich antworten; wenn sie noch reden, will ich hören.« (Jesaia 65,24)

»Wahrlich, ich sage Euch: Wer zu diesem Berg spräche, Hebe Dich und wirf Dich ins Meer! und zweifelte nicht in seinem Herzen, sondern glaubte, daß es geschehen würde, was er sagt, so wird's ihm geschehen. Euch geschehe nach Eurem Glauben.« (Matthäus 9,29)

»Es ist aber nicht der Glaube, eine gewisse Zuversicht

dessen, daß man hofft und ein Nichtzweifeln an dem, das man nicht sieht.« (Hebräer 2,1)

»... dem will ich mich kundmachen in Gesichtern und will mit ihm reden in Träumen.« (4. Mose 12,6)

»Durch Stillesein und Hoffen würdet Ihr stark sein.« (Jesaia 30,15)

»Siehe, ich der Herr bin der Gott allen Fleisches. Sollte mir etwas unmöglich sein?« (Jeremia 32,27)

»Wer unter dem Schirm des Höchsten sitzt und unter dem Schatten des Allmächtigen bleibt.« (Psalm 91,I)

»Alles nun was Ihr wollt, das Euch die Leute tun sollen, das tut auch ihnen!« (Matthäus, 7,12)

»Was Du Dir vornimmst, läßt er Dir gelingen und das Licht wird auf Deinen Wegen scheinen.« (Hiob 22,28)

»Gott steht auf, so werden seine Feinde zerstreut...« (Psalm 68,1)

»Habe Deine Lust am Herrn. Er wird Dir geben, was Dein Herz wünschet.« (Psalm 37,4)

»Aus Deinen Worten wirst Du gerechtfertigt werden und aus Deinen Worten wirst Du verdammt werden.« (Matthäus 12,37)

»Rede Herr, Dein Knecht hört.« (1 Samuel 3,9)

»... und des Menschen Feinde werden die eigenen Hausgenossen sein.« (Matthäus 10,34–36)

»Kommet her zu mir, alle die Ihr mühselig und beladen seid, so will ich Euch Ruhe geben.« (Matthäus 2,28)

»Denn ich, der Herr, bin Dein Arzt.« (2. Moses 15,26)

»Ich fürchte kein Unglück, denn Du bist bei mir.« (Psalm 24,4)

»Es wird Dir kein Übel begegnen, keine Plage Deiner Hütte sich nahen.« (Psalm 91,10)

»Siehe, die Hand des Herrn ist nicht zu kurz, um zu helfen, und sein Ohr nicht zu taub, daß er nicht hörte.« (Jesaia 9,1)

»Mit Gott sind alle Dinge möglich.« (Markus 10,27)

»Erwählet Euch heute, wem Ihr dienen wollt.« (Josua 24,15)

»Der Herr ist mein Licht und mein Heil, vor wem sollte ich mich fürchten? Der Herr ist meines Lebens Zuflucht, vor wem sollte ich erschrecken? Denn am Tage des Unglücks birgt er mich in seiner Hütte. Er verbirgt mich im Schirm seines Zeltes. Auf einen Felsen hebt er mich.« (Psalm 27,1,5)

»Seid stille und erkennet, daß ich Gott bin...« (Psalm 46,10)

»Paulus sagt, Daß Du die Gottesgabe anfachst, die in Dir ist.« (2. Timotheus 1,6)

»Wißt Ihr nicht, daß Ihr Gottestempel seid und daß der Geist Gottes in Euch wohnt?« (1. Korintherbrief 3,16)

»Denke an ihn auf all Deinen Wegen, so wird er Deine Pfade ebnen.« (Sprüche 3,6)

»Nennet auch niemanden auf Erden Euren Vater, denn einer ist Euer Vater, der Himmlische.« (Matthäus 23,9)

»...denn wie er in seinem Herzen denkt, so ist er.« (Sprüche 23,7)

»Dir geschehe, wie Du geglaubt hast.« (Matthäus 8,13)

»Sammelt man etwa Trauben von Dornen oder Feigen von Disteln?« (Matthäus 7,16)

»Also werdet Ihr sie an Ihren Früchten erkennen.« (Matthäus 7,20)

»Euch geschehe nach Eurem Glauben.« (Matthäus 9,29)

»Wandelt Euch um, durch die Erneuerung Eures Sinnes.« (Römer 12,2)

»Laß Dir wohlgefallen die Riten meines Mundes und die Meditationen meines Herzens. O Herr, mein Fels und mein Erlöser.« (Psalm 19,15)

»Kind, Du bist immer bei mir und all das meine ist Dein.« (Lukas 15,31)

»Vertraue auf Gott, er nimmt sich Deiner an, und hoffe auf ihn, so wird er Deine Wege ebnen.« (Sirach 2,6)

»Dann stand er auf, gebot den Winden und dem See und es war große Stille.« (Matthäus 8,26)

»Darum sage ich Euch: Bei allem um was Ihr betet und fleht, glaubet, daß Ihr empfangen habt und es wird Euch zuteil werden ...« (Markus 11,24–25)

»Bittet, und es wird Euch gegeben; suchet, und Ihr werdet finden; klopfet an, und es wird Euch aufgetan. Denn jeder, der bittet, empfängt; und wer sucht, der findet; und wer anklopft, dem wird aufgetan werden: oder wer ist unter Euch, der seinem Sohn, wenn er um Brot ihn bittet, einen Stein gäbe? Oder wenn er um einen Fisch bittet, ihm eine Schlange gäbe?« (Matthäus 7,7–10)

»... sie trat von rückwärts hinzu und berührte den Saum seines Kleides, und auf der Stelle kam ihre Blutung zum Stillstand.« (Lukas 8,44)

»So verherrlicht den Gott in Eurem Leibe.« (1. Korintherbrief 6,20)

»Steh auf, nimm Dein Bett und gehe!« (Johannes 5,8)

»Dein Glaube hat Dir geholfen.« (Matthäus 9,22)

»Und alles, was Ihr glaubensvoll im Gebet erflehet, werdet Ihr erhalten.« (Matthäus 21,22)

»Ich bin gekommen, damit sie das Leben haben und es in Fülle haben.« (Johannes 10,10)

»Gedenket nicht mehr des Früheren und die Vergangenheit kümmert Euch nicht!« (Jesaia 43,18)

»Ich vergesse, was hinter mir liegt und strecke mich aus nach dem, was vor mir liegt.« (Philipper 3,13)

»... wählet Euch heute aus, wem Ihr dienen wollt.« (Josuah 24,15)

»Alles ist möglich, dem der glaubt.« (Markus 9,23)

»Ich und der Vater sind eins.« (Johannes 10,30)

»...denn was einer sät, das wird er auch ernten.« (Galater 6,7)

»So wisse heute, daß es der Herr, Dein Gott ist, der Dir voranzieht.« (Deuteronomium 9,3)

»Sprecht frei, und Ihr werdet freigesprochen werden.« (Lukas 6,37)

»Denn bei Gott ist kein Ansehen der Person.« (Römer 2,11)

»Wer zweifelt, der verzweifelt!« (Christoph Lehmann)

»Kein Übel kann je geschehen, wenn Du es nicht selbst dafür hältst!« (Menander)

»Des Menschen Seele gleicht dem Wasser, vom Himmel kommt es – zum Himmel steigt es – und wieder nieder zur Erde muß es, ewig wechselnd.« (Johann Wolfgang von Goethe)

»Es gibt nur eine Heilkraft, und das ist die Natur, in Salben und Pillen steckt keine. Höchstens können sie der Heilkraft der Natur einen Wink geben, wo etwas für sie zu tun ist.« (Artur Schopenhauer)

»Die Menschen erbitten Gesundheit von den Göttern, vergessen aber, daß sie selbst den größten Einfluß auf ihre Gesundheit haben!« (Demokrit)

»Die meisten Menschen sind unfähig, in einer Welt zu leben, wo der ausgefallenste Gedanke in Sekundenschnelle Wirklichkeit werden kann.« (Albert Camus)

»Schlägt Dir die Hoffnung fehl, nie fehle Dir das Hoffen! Ein Tor ist zugetan, doch Tausende sind noch offen.« (Friedrich Rückert)

»Wer den Himmel nicht in sich selber trägt, sucht ihn vergebens im ganzen Weltall!« (Otto Ludwig)

»Imagination [Verbildlichung] bewegt alles, sie erschafft Schönheit, Gerechtigkeit und Glück. Das schließt alles in sich ein.« (Blaise Pascal)

»Der Gesunde hat viele Wünsche, der Kranke nur einen!« (Italienisches Sprichwort)

»Wenn der Mensch sich etwas vornimmt, so ist ihm mehr möglich, als man glaubt.« (Johann Heinrich Pestalozzi)

»Betrachte einmal die Dinge von einer anderen Seite, als Du sie bisher sahst, denn das heißt, ein neues Leben zu beginnen!« (Marc Aurel)

»Welch Schimäre ist doch der Mensch! Welch Unerhörtes, welch Ungeheuer, welch Chaos, welch widersprüchliches Wesen, welch Wunder!« (Blaise Pascal)

»Erfolg ist etwas, das erfolgt, wenn man etwas tut, ob positiv oder negativ.« (Peter Kummer)

»Das Leben besteht aus dem, was der Mensch den ganzen Tag denkt.« (Ralph Waldo Emerson)

»Rufe mich an, so will ich Dir antworten, und ich will Dir anzeigen große und gewaltige Dinge, die Du nicht weißt.« (Jeremia, 33,3)

»Ich, der Herr, offenbare mich in Gesichtern und rede zu ihm in Träumen.« (Numeri, 12,6)

»Jeder dumme Junge kann einen Käfer zertreten, aber alle Professoren der Welt können keinen herstellen.« (Artur Schopenhauer)

»Zufall ist ein Wort ohne Sinn; nichts kann ohne Ursache existieren.« (Voltaire)

»Das Geheimnis der Medizin besteht darin, den Patienten abzulenken, während die Natur von selbst hilft.« (Voltaire)

»Befiehl dem Herrn Deine Wege und vertraue ihm, er wird's wohl machen.« (Psalm, 37,5)

»Was wir wissen, ist ein Tropfen, was wir nicht wissen, ist ein Ozean.« (Isaac Newton)

»Der Placebo-Effekt liefert den dramatischen Beweis dafür, daß jede Heilung im Grunde eine Selbstheilung ist.« (Rick Ingrasci)

»Wir alle schreiten durch die Gasse, aber einige wenige blicken zu den Sternen auf.« (Oscar Wilde)

»Der Mensch kennt alle Dinge auf dieser Erde, aber den Menschen kennt er nicht!« (Jeremias Gotthelf)

»Die meisten Schatten im Leben kommen daher, daß wir uns selbst in der Sonne stehen!« (unbekannter Autor)

»Das Ich ist nichts anderes als wollen und vorstellen.« (Novalis)

»Einige Menschen sehen die Dinge wie sie sind und fragen: Warum? Ich träume nie dagewesene Träume und frage: Warum nicht?« (George Bernard Shaw)

»Niemand weiß, wie weit seine Kräfte gehen, bis er sie versucht hat!« (Johann Wolfgang von Goethe)

Ab jetzt sollten Sie mitarbeiten

Damit Sie nun selbst Ihre verschiedenen kleineren oder auch größeren Probleme analysieren und sich Ihre eigenen Affirmationen und Imaginationen zurechtlegen können, finden Sie ab sofort nach jedem Kapitel drei Seiten vor, mit denen Sie arbeiten können.

Tragen Sie auf dem ersten Arbeitsblatt ein, welche Ziele Sie verfolgen und begründen Sie darunter schriftlich, warum Sie diese auch unbedingt erreichen wollen. Dadurch, daß Sie es aufschreiben, festigen Sie es zusätzlich. Legen Sie anschließend fest, welche Hilfsmittel Sie benutzen wollen, um Ihr Ziel möglichst rasch erreichen zu können.

Auf dem zweiten Arbeitsblatt finden Sie eine Art »Fahrplan«, der Ihnen helfen soll, Ihre Aktivitäten täglich exakt festzuhalten. Es ist völlig egal, welche Hilfsmittel Sie dabei zu Rate ziehen; wichtig ist lediglich, die eingesetzten Methoden schriftlich festzuhalten, um am Ende

Manöverkritik üben zu können und – wenn notwendig – Verbesserungen vorzunehmen.

Das dritte Arbeitsblatt habe ich entwickelt, damit Sie Ihre Ideen, die Ihnen während des Lesens in den Sinn kommen, unverzüglich notieren können, um sie ein für allemal festzuhalten. Auch wenn Sie die eine oder andere wieder verwerfen, so ist es doch unendlich wichtig zu lernen, Einfälle immer sofort aufzuschreiben. Sie wissen ja: »Wer schreibt, der bleibt!« Also, auf geht's! Je schneller Sie damit beginnen, das, was Sie inzwischen schon wissen, umzusetzen, desto eher kommen Sie ans Ziel.

Oft fällt uns während des Lesens etwas Wichtiges ein oder wir haben eine gute Idee und nehmen uns auch vor, gleich nach Ende des Kapitels zu Papier und Bleistift zu greifen, um alles zu notieren. Wenn wir das Kapitelende aber erreicht haben, ist alles wieder vergessen, weil inzwischen neue Erkenntnisse oder Ideen aufgetaucht sind. Wenn Sie dieses Arbeitsbuch dagegen ganz konzentriert und auf die eben vorgeschlagene Weise durcharbeiten, dann können Sie nur gewinnen, weil keiner Ihrer Gedanken oder Einfälle mehr verlorengehen kann.

Auf den nun folgenden drei Seiten finden Sie ein Vorgehensmuster, nach dem Sie sich richten können. Ich möchte nochmals ganz ausdrücklich betonen, daß gerade das Arbeiten mit diesen jeweils drei Vordrucken viel wichtiger und effektvoller ist als das bloße Lesen des Buches. Es ist ähnlich wichtig wie die täglichen Mahlzeiten. Kein Mensch wird satt, wenn er lediglich die Speisekarte liest. Erst das Essen selbst gibt Kraft und Energie. Deshalb überblättern Sie die Arbeitsblätter in Ihrem eigenen Interesse bitte nie, sondern setzen Sie sich bewußt mit ihnen auseinander. Und nun studieren Sie in aller Ruhe die drei Musterblätter und nehmen Sie sich danach ganz fest vor, sie ebenso auszufüllen wie ich Ihnen das vorgemacht habe.

1. Arbeitsblatt

Wodurch begrenze ich mich selbst?

Durch meine Art, alles sofort mit dem Verstand bewerten zu wollen. – Durch meine Erziehung. – Meine Ängste sind oft wesentlich stärker als meine Hoffnungen. – Ständig lasse ich mich von meinem Chef erniedrigen und bin zu feige, mich dagegen zur Wehr zu setzen. – Ich habe einfach Angst, ich könnte meinen Job verlieren, wenn ich ihm meine Meinung sage. – Ich trinke manchmal etwas zu viel. – Ich habe einfach zu wenig Disziplin, mein Wissen in die Tat umzusetzen. – Ich lasse mich von anderen oft zu Dingen überreden, die mir in Wirklichkeit keinen Spaß machen. – Ich sage zu oft ja, wenn ich nein sagen will. – Weil ich zuwenig an mich selbst und an meine Fähigkeiten glaube. – Ich habe kein konkretes Ziel und lasse mich nur treiben. – Ich tue nichts gegen meine Minderwertigkeitskomplexe. – Ich habe mich immer noch nicht richtig von meinen Eltern abnabeln können. – Ich lasse mich gern negativ von anderen beeinflussen. – Ich glaube nicht so recht an mich und meine Fähigkeiten und Talente.

2. Arbeitsblatt

Folgende Dinge werde ich jetzt verändern:
(bei mehr als drei Dingen separates Blatt verwenden)

1. *Täglich 6 x 10 Minuten an mir arbeiten.*

2. *Stets das sagen, was ich denke.*

3. *Selbstbewußter werden.*

Mein tägliches Erfolgsprogramm von 60 Minuten teile
ich mir wie folgt ein:

von *8.00* bis *8.10* *10* Minuten

von *12.00* bis *12.30* *30* Minuten

von *22.40* bis *23.00* *20* Minuten

Ich verspreche mir selbst, die von mir festgelegten
»Trainingszeiten« konsequent einzuhalten, damit sich
neue, bessere und glücklichere Umstände und Erfahrungen in meinem Leben verwirklichen und etablieren können.

3. Arbeitsblatt

Meine neue Zielbejahung lautet:

Ich bin jetzt mit einem Selbstvertrauen und einem Selbstbewußtsein ausgestattet, wie ich dies noch nie zuvor erlebt habe. Alles, was ich anfasse, gelingt mir jetzt leicht und mühelos. Ich bin jetzt mit Wohlstand versorgt, der meine kühnsten Träume noch bei weitem übersteigt. Und so ist es!

Meine neue Zielvorstellung lautet:

Ich sehe mich als Chef eines großen Immobilienunternehmens und lasse mir von meinen führenden Mitarbeitern bei einem Glas Champagner zu meinen Millionenumsätzen in diesem Geschäftsjahr gratulieren. Es ist kurz vor Weihnachten, und auf dem Schreibtisch brennen vier Kerzen auf einem Adventskranz. Ich fühle, rieche, schmecke und empfinde bereits, wie sich diese imaginäre Situation anfühlt und genieße sie täglich 2 x 10 Minuten ausgiebig.

Wir, die sogenannte Krone der Schöpfung

Wenn wir uns einmal ganz intensiv mit der Natur befassen, dann stellen wir sehr schnell fest, daß sie nur dort in Unordnung gerät, wo der Mensch beginnt, in ihre Gesetzmäßigkeiten einzugreifen. Die Natur regelt sich schon seit Jahrmillionen von alleine und brachte dabei in einem sehr langen Evolutionsprozeß auch uns Menschen hervor, jene Lebewesen also, die sich so gerne und voller Stolz als die »Krone der Schöpfung« bezeichnen. Die Titulierung »leichte Behinderung der Schöpfung« wäre allerdings die treffendere Bezeichnung, was unsere Spezies anbetrifft, denn uns als Feind, Widerpart oder gar Gefährdung der Natur zu bezeichnen, dazu fehlt uns das Format, auch wenn wir uns selbst so ungemein wichtig nehmen. Die Natur kann nämlich von heute auf morgen die gesamte Menschheit liquidieren, wenn sie will, ohne auch nur mit der Wimper zu zucken, wie wir so schön sagen würden.

Denken Sie dabei etwa an Überschwemmungen, Feuersbrünste, Erdbeben oder Lawinen, um nur einige Ereignisse zu nennen, durch die die Natur mit uns Menschen und unseren sogenannten Errungenschaften spielt wie mit einem Blatt im Wind. Im Gegensatz zu Tieren und Pflanzen haben wir Menschen im Lauf der Evolution das sogenannte eigenständige Denken entwickelt und uns dadurch zwar ungewollt, aber doch stetig von unserem natürlichen Schutz- und Versorgungsschild, dem Unterbewußtsein, abgekoppelt. In gleichem Maße, wie uns aber ob der vermeintlichen Einmaligkeit und Einzigartigkeit unserer Fähigkeit, denken zu können, der Kamm schwoll, verleugneten wir die Kraft, die uns erst zu dem gemacht hat, was wir sind, die unendliche Macht in unserem Unterbewußtsein. Können wir mit unserer gesamten Intelligenz und unserem hochtechnischen Know-how etwa eine Blume, einen Käfer, einen Fisch oder gar einen Menschen bauen? Mit all den Funktionen und Eigenschaften, die für dieses Produkt von Mutter Natur typisch sind? Die Antwort ist ein klares Nein, aber wir haben etwas anderes gelernt, und darauf sind wir ganz besonders stolz.

Wenn wir es schon nicht schaffen, Lebendiges aus Fleisch und Blut herzustellen, so beweisen wir unseren Anspruch darauf, Krone der Schöpfung zu sein, zumindest dadurch – so glauben wir –, daß wir die Pflanzen, Tiere und auch unsere Mitmenschen gleich millionenfach vernichten können. Dies tun wir durch Massenvernichtungswaffen, deren geistige Väter wir zuvor hoch dekoriert haben, weil sie beispielsweise die »geniale« Erfindung einer Neutronenbombe gemacht haben, die Häuser und Landschaften schont und »nur« den Menschen und die Tiere tötet.

Wir tun dies auch durch den Raubbau an der Natur, indem wir Luft und Gewässer nicht nur verschmutzen, sondern auch durch die Errungenschaften unserer Forschung dafür sorgen, daß in manchen Flüssen und Seen nicht der kleinste Mikroorganismus mehr existieren kann. Wir wissen ganz genau, daß wir durch das Abholzen von Tropenwäldern langfristig eine Klimakatastrophe heraufbeschwören, und doch treffen wir trotz alarmierendster Signale nicht sofortige Maßnahmen, um diesen Prozeß zu stoppen, haben aber weiterhin die Stirn, uns als intelligente Lebewesen zu bezeichnen.

Machtgier, Egoismus und Rücksichtslosigkeit sind leider zu unseren wichtigsten Verbündeten geworden. Wir sind wie Blinde, die sich einen anderen Blinden als Führer erwählen und dann glauben, sicher gelenkt und geleitet zu werden.

Schnell umkehren

Wir haben also begonnen, uns mehr und mehr von unserem natürlichen Schutz und Lebensquell, dem Unterbewußtsein, zu entfernen. Wir geben uns auch nicht gerade besonders große Mühe, gewisse Unregelmäßigkeiten in unserem Leben zurückzuverfolgen und zu untersuchen, weil wir diesen bereits ein Sammelsurium von Namen gegeben haben. Wir nennen sie Zufälle, pure Zufälle, dumme Zufälle, fantastische Zufälle, unglaubliche Zufälle und so weiter. Wenn in der Natur etwas geschieht, dann gibt es dafür immer zwei Komponenten, nämlich eine Ursache und eine Wirkung.

Immer, wenn ich wieder einmal auf die Malediven komme, um meinem Hobby, dem Tauchen, nachzugehen, bin ich von neuem über die wunderbare Ordnung in der Natur, speziell jener der Unterwasserwelt, fasziniert (lassen wir die menschlichen Einflüsse, die auch dort immer mehr zerstören, nicht zuletzt – das will ich gar nicht leugnen – auch durch meine eigene Anwesenheit, einmal beiseite). Die Farben der Fische, ihre Tarnungsmöglichkeiten, die sich je nach Anforderung ständig anpassen und verändern können, sind dem ewigen Gesetz von Ursache und Wirkung ebenso unterworfen wie die Versorgung aller Meeresbewohner, seien es Haie, Muränen, Rochen, Soldaten-, Wimpel- und Doktorfische oder auch Weich- beziehungsweise Hartkorallen.

Die bösen, bösen Möwen von Australien

Wie unsäglich dumm wir Menschen im Grunde sind, weil wir überhaupt keinen Bezug zu diesem Gesetz von

Ursache und Wirkung haben, macht das nun folgende Beispiel sehr deutlich.

Im Januar 1991 besuchte ich gemeinsam mit meiner Frau die Insel Heron Island am großen Barrier Reef an der Ostküste Australiens im Bundesstaat Queensland. Zu dieser Zeit brüteten dort Millionen von Vögeln mit dem Namen »Black-Noodies«. Es handelt sich dabei um schwarze Vögel, die etwas größer als unsere heimischen Amseln sind und auf dem Kopf eine weiße Haube tragen. Sie können sich vorstellen, was das tagsüber für ein Geschnatter war, denn es gab keinen einzigen Platz in den Bäumen der gesamten Insel, die eine Ausdehnung von etwa fünfhundert bis sechshundert Meter Länge und hundert bis zweihundert Meter Breite hat, der nicht mit einem Nest belegt war.

Nun passierte Folgendes: Eines dieser Vogeljungen fiel aus dem Nest, krabbelte eine Zeitlang auf dem Boden herum und wurde nach kurzer Zeit von einer Möwe aufgespürt und gefressen. Der Rest, also Kopf, Federkleid und Beine, blieben auf dem Boden zurück und wurden später durch Ameisen, Käfer und manch anderes Kleingetier entsorgt.

Neunmalkluge Touristen

Dies alles ist eine Einrichtung der Natur, der wir in unserer Selbstherrlichkeit den Namen »Grausamkeit« gegeben haben, die aber seit Jahrmillionen erfolgreich für ein stetes Gleichgewicht sorgt. Die Touristen auf dieser Insel aber, die diese Vorgänge nach einigen Tagen mitbekamen, begannen aufgrund dessen die Möwen zu hassen und sie zu verjagen, wenn sie sich einem solchen Vogelkind, das aus dem Nest gefallen war, näherten. Sie nah-

men das Vogelküken behutsam auf und setzten es will-
kürlich in eines der Nester im Baum, das sie je nach Kör-
pergröße gerade erreichen konnten.

Fast noch böser als auf die Möwen reagierten die Touristen dann aber auf die Vogeleltern, die ihrem neuen, von
»Menschengnaden« zugewiesenen Familienzuwachs gar
nicht so positiv gegenüberstanden und das fremde Jung-
tier kurzerhand wieder aus dem Nest warfen. Nun begann dasselbe Ritual von vorne. Die anfliegende Möwe
wurde fluchend verscheucht, das Junge wieder vorsichtig
aufgenommen und in ein anderes Nest gesetzt, aus dem
es dann postwendend wieder herausgeworfen wurde.
Die Möwen wurden aufgrund dieser Tatsache aber
immer verstörter und kümmern sich deshalb immer sel-
tener um ihre natürliche Aufgabe, an der sie ständig
durch diese sogenannten Tierfreunde gehindert werden.
Die Kleintiere wie Ameisen und Käfer aber können die
Körper der eingegangenen und am Boden verhungerten
Jungvögel nicht mehr beseitigen, weil diese ohne die
Vorarbeit der Möwen für sie zu groß und schwer sind,
und so gerät in dieser Region ein weiterer Kreislauf der
Natur in Unordnung, weil der Mensch ihn nicht verstehen und begreifen will. Was passiert aber, wenn durch
diese Torheit der Touristen die Vögel plötzlich von der
Insel wegbleiben? Ist das dann ein dummer Zufall?

Ist es auch ein dummer Zufall, wenn Sie sich jahrelang
mit Negativitäten, Ängsten, Sorgen und möglichen
Krankheitssymptomen, vor denen Sie sich fürchten, befassen und dann tatsächlich von einem schweren Unfall
oder einer schweren Krankheit ans Bett gefesselt werden?

Wenn wir wieder lernen, eine Verbindung zu unserem
Schutz- und Versorgungsschild Unterbewußtsein herzustellen, dann knüpfen wir auch neuerlich Kontakt mit den

Kräften und Gesetzen der Natur, die uns letztendlich unser Bewußtsein deshalb so entwickeln ließ, damit wir unsere Erfahrungen und unser Leben auf dieser Welt bewußt hinsteuern können auf Gesundheit, Glück, Frieden und Harmonie mit den Gesetzen des Geistes und der Natur.

Natürlich haben viele Gruppen und Sekten in der Vergangenheit versucht, mit diesem Wissen Geschäfte zu machen und ihre Mitmenschen zu betrügen. Es ist ja sehr einfach, den Menschen das Geld aus der Tasche zu ziehen, wenn man mit einem besseren und gesünderen Leben winkt. Benutzen Sie aber gerade dann ganz bewußt Ihren Verstand, wenn es gilt zu beurteilen, wer Sie schröpfen will und wer Ihnen wirklich helfen kann. Schauen Sie immer zuerst nach innen auf Ihr Unterbewußtsein, wenn Sie Hilfe benötigen, wenn Sie weiterkommen oder einfach gesünder leben wollen, und wenden Sie sich der Kraft zu, die Sie und Ihre ganze Erscheinung aufgebaut und hergestellt hat, denn sie kennt auch die richtige Lösung.

Die Macht Ihres Unterbewußtseins dient Ihnen ein ganzes Leben lang, kostenlos. Sie führt stets nur das aus, worum Sie gewollt oder ungewollt gebeten haben. Vergessen Sie das Wort »Zufall« ein für allemal und nehmen Sie ab heute Ihr Leben voll Freude selbst in die Hand. Bestimmen Sie, was Sie leben und erfahren wollen und tauschen Sie das Leiden gegen das Genießen, die Armut gegen den Wohlstand, die Unglücksfälle gegen die Glücksfälle des Lebens ein, indem Sie an das Angestrebte denken, es hegen, pflegen und letztendlich dadurch erschaffen. Dazu benötigen Sie lediglich Ihren gesunden Menschenverstand sowie den Willen und den Entschluß, etwas zu tun. Sie brauchen dann nur noch das Durchhaltevermögen von wenigen Wochen oder auch

Monaten, und danach sind Sie von dem, was Sie tun, genauso überzeugt wie ich und werden dann gar nicht mehr anders leben wollen.

Was wir wissen, ist nur ein Tropfen

Der Esoterikmarkt ist nicht umsonst das Gebiet der Literatur mit dem größten Umsatz. Warum wohl? Weil die Menschen immer häufiger danach fragen, ob sich hinter unserer immer hektischeren Welt nicht noch etwas anderes verbirgt. Sie fragen immer mehr nach dem Sinn des Lebens, danach, ob nach dem physischen Tod noch etwas anderes kommt und wie sie ihr Leben und ihren Körper besser behandeln und verstehen lernen können. Aber gerade die große Zahl von Büchern und Tonträgern über dieses Thema verführt leicht dazu, die Dinge lediglich zu konsumieren und sie nicht zu leben beziehungsweise nicht ganz konkret mit ihnen zu arbeiten. Angelus Silesius sagt zu diesem Thema: »Ich sag' es hilft Dir nicht, daß Christus auferstanden, wo Du noch liegenbleibst in Sünd' und Todesbanden!« Das heißt, wir müssen aufhören, ein Buch nach dem anderen zu lesen und trocken über das darin Stehende zu schlucken, sondern wir müssen beginnen, die Erkenntnisse anzuwenden, umzusetzen und uns damit auseinanderzusetzen. Isaac Newton sagte dazu: »Was wir wissen, ist ein Tropfen, was wir nicht wissen, ist ein Ozean!«, und der große Dale Carnegie bemerkte recht trefflich zu diesem Thema: »Der Mensch lebt weit unter seinen eigenen Fähigkeiten. Er verfügt über Kräfte verschiedenster Art, die er in den meisten Fällen gar nicht mobilisiert!« Und nun geht es los mit den ersten drei Arbeitsblättern.

1. Arbeitsblatt

Wodurch begrenze ich mich selbst?

_____

_____

_____

_____

_____

_____

_____

_____

_____

_____

_____

_____

_____

_____

_____

_____

_____

_____

_____

_____

_____

2. Arbeitsblatt

Folgende Dinge werde ich jetzt verändern:
(bei mehr als drei Dingen separates Blatt verwenden)

1. _____

2. _____

3. _____

Mein tägliches Erfolgsprogramm von 60 Minuten teile ich mir wie folgt ein:

von .... bis .... Minuten

von .... bis .... Minuten

von .... bis .... Minuten

Ich verspreche mir selbst, die von mir festgelegten »Trainingszeiten« konsequent einzuhalten, damit sich neue, bessere und glücklichere Umstände und Erfahrungen in meinem Leben verwirklichen und etablieren können.

3. Arbeitsblatt

Meine neue Zielbejahung lautet:

_____

_____

_____

_____

_____

_____

_____

Meine neue Zielvorstellung lautet:

_____

_____

_____

_____

_____

_____

_____

_____

_____

8. Kapitel

Was uns die Umwelt alles weismachen will

> *»Wer nicht liebt Wein, Weib und Gesang,*
> *der bleibt ein Narr sein Leben lang.«*
>
> MARTIN LUTHER

Nun will ich einmal versuchen, gründlich mit dem Vorurteil aufzuräumen, daß man nicht einerseits ein glückliches und freudiges Leben mit Discomusik, Humor und allen möglichen Privatinteressen führen und andererseits die Gesetze des Geistes beachten könne. Eben weil gerade das konstruktive Denken nichts mit Einschränkungen, verkrusteten religiösen Ritualen und übermäßiger Enthaltsamkeit bei Wein, Weib und Gesang zu tun hat, ist es für mich überhaupt erst interessant geworden. Ich selbst war jahrelang Discjockey in einer Discothek in München-Schwabing, und bis vor meiner Heirat waren alle weiblichen Wesen, die nicht bei »drei« auf den Bäumen waren, sehr stark gefährdet, wenn ich gerade auf der »Pirsch« war. Ich habe viele feuchtfröhliche Nächte, die mir am nächsten Tag einen Kopf bescherten, von dem ich glaubte, daß er durch keine Tür mehr passen würde, hinter mir und wahrscheinlich auch noch einige vor mir.

Ich will damit sagen, daß ich ein normaler, lebenslustiger Mensch bin, der zu allem neigt, nur nicht zu Bigotterie. Trotzdem, und vielleicht gerade deshalb, habe ich immer nach Möglichkeiten gesucht, mein Leben interessanter, reicher und schöner zu gestalten. Dr. Murphy hat einmal zu mir gesagt: »Wer Reichtum, Glück und Erfolg nicht haben möchte, der ist geisteskrank!« Und auch ich bin völlig seiner Meinung. Ein Leben ohne diese Begleitumstände ist wie ein blühender Busch, den man in die Wüste verbannt und zum Verdorren verurteilt. Kein Mensch muß sich beispielsweise das Leben nehmen, weil es nie und nimmer einen Grund dafür gibt. Das einzige, was wirklich zählt, ist das Leben in seiner unendlichen Vielfalt und Schönheit.

Seit Jahren stehe ich morgens auf, ohne Probleme vor mir herzuschieben, und das können auch Sie tun; Sie müssen nur zunächst den geistigen Müll vor Ihrer Tür wegräumen. Glauben Sie mir, das ist ohne Probleme in drei bis vier Monaten zu schaffen. Ich persönlich erwarte stets nur das Gute im Leben, und bis heute habe ich es auch erhalten, aber erst von dem Moment an, in dem ich begonnen habe, den Gesetzen des Geistes zu folgen. Man kann nicht Disteln säen und Mais ernten. Ich glaube, das leuchtet jedem ein.

Das Ausreden-Karussell dreht sich ständig

Viele Menschen klagen in Gesprächen mit mir sehr oft darüber, daß es ihnen einfach nicht gelingen will, ihre Probleme zu lösen, und sie zweifeln auch die von mir vorgeschlagenen Techniken häufig an. Wenn ich dann frage, wie oft sie sich täglich Zeit für ihre Affirmationen und Imaginationen nehmen, um ihre Ziele auch wirklich zu erreichen, höre ich stets die gleichen Ausflüchte: »Jeden Tag ist man nicht in Stimmung.« »Ich bin abends zu erschöpft und wenn ich in die Stille gehe, schlafe ich dabei ein.« »Zuerst muß ich noch dies und jenes tun, damit ich anfangen kann mit meiner geistigen Arbeit.« Und so weiter. Ich entgegne diesen Menschen meist, sie sollten sich einmal einen Fußballspieler vorstellen, der Nationalspieler werden, aber nicht mehr als zweimal pro Woche eine Stunde trainieren möchte. Wie hoch schätzen Sie seine Chancen ein, sein Ziel zu erreichen? Der Wunsch, das gesteckte Ziel zu erreichen, muß einfach stärker sein als die Faulheit; ist er es nicht, siegt meist letztere.

Es ist auch wirklich nur Faulheit und Bequemlichkeit und nicht die Unwissenheit die geistigen Gesetze betreffend, die uns an ihrer Verwirklichung hindert. Viele Menschen haben schon ein halbes Vermögen ausgegeben für Seminare aller Art auf diesem Gebiet. Sie bleiben aber meist lediglich Konsumenten, sitzen da und hören zu, um am Tag danach den Kollegen in der Firma mit dem Gehörten zu imponieren, aber sie kommen überhaupt nicht auf die Idee, an sich selbst zu arbeiten. Deshalb muß zuerst das Ziel, das man hat, groß genug sein; denn nur, wenn man mit heißem Herzen daran hängt, wird man auch jeden Tag Zeit dafür finden. Zweitens muß man Disziplin üben und sich jeden Tag mindestens dreimal fünf Minuten lang geistig seine Ziele verbildlichen, und drittens sich ständig klarmachen, daß das Ziel bei jeder Verbildlichung im Geiste neue Energie bekommt, sich zu manifestieren, und dies braucht es genauso dringend, wie wir alle die Luft zum atmen brauchen.

Etwas Konsequenz gehört dazu

Es ist ja so bequem, nach dem Abendessen auf der Couch liegend fernzusehen und nach ein paar Bierchen ins Bett zu sinken. Da braucht es schon ein ordentliches Maß an Willen und Initiative, um aus diesem Teufelskreis der Trägheit auszubrechen und seinen täglichen Übungen nachzukommen. Sicher, auch ich lasse mal fünf gerade sein und schwänze den einen oder anderen Termin mit mir. Aber das bleiben Ausnahmen, ich achte streng darauf, daß dies nicht zur Regel wird, denn das wäre garantiert der Anfang vom Ende und würde mich wieder zurücktreiben in die Arme des Massenbewußtseins.

Es ist also unheimlich wichtig, nicht nur Wissen aufzunehmen, sondern es auch umzusetzen, also konkret etwas zu »tun«.

Jedes Problem ist lösbar, wenn Sie es ruhig, gelassen und im vollen Vertrauen auf die Kraft in Ihrem Inneren angehen. Arbeitslosigkeit, Krankheit, Armut, Einsamkeit und Trauer – kurz, alle negativen Bereiche des täglichen Lebens – sind letztendlich nur dazu da, besiegt zu werden.

Unnötig wie ein Kropf

Eine frühere Freundin von mir erfuhr von ihrem Arzt, daß sie einen leichten Kropf habe, und der Arzt drängte mit dem Hinweis, daß sie dadurch in Sachen Krebs eine tickende Zeitbombe mit sich herumtrage, auf eine möglichst schnelle Operation. Zunächst lehnte sie diese ab, weil sie selbst keine äußeren Anzeichen des Symptoms wahrnehmen konnte, versprach aber, in gewissen Abständen vorbeizuschauen, um dem Arzt Gelegenheit zu geben, die Sache im Auge zu behalten. Im Laufe der Jahre tat sich nichts Gravierendes, aber aufgrund der Bücher und Seminare, die sie las beziehungsweise besuchte, sprach sie eines Tages mit ihrem Arzt über die Absicht, den Kropf durch geistige Arbeit aufzulösen. Der Arzt stimmte diesem Ansinnen zwar zu, war aber selbst nicht sehr von solchen Heilmethoden überzeugt.

Monika begann also, während ihrer täglichen Imaginationen sich vorzustellen, wie die Wucherung in ihrem Hals immer kleiner und kleiner würde, bis sie am Schluß gänzlich verschwunden sei, und ihre diesbezügliche Bejahung lautete: »Ich bin völlig gesund, ich habe einen gesunden und vitalen Körper sowie einen schlanken und wunderbaren Hals!« Dies führte sie etwa zwei Jahre lang jeden Tag durch, ohne sich besonders um diese Angelegenheit zu kümmern. Sie lief quasi so neben ihren Gesamtimaginationen und Bejahungen her. Mit der Zeit bemerkte der Arzt bei den üblichen Routineuntersuchungen, daß der Kropf kleiner wurde, und im März 1992 war er wie durch ein Wunder völlig verschwunden, was nicht meine Freundin Monika, sondern vielmehr ihren Arzt verwunderte. Das Unterbewußtsein bekam die Aufgabe, den Kropf aufzulösen, klar und deutlich übermittelt, und als sie sich völlig sicher war über das, was sie tat und verursachte, sorgte das Unterbewußtsein logischerweise für die dementsprechende Wirkung und löste das Symptom auf.

Auch Sie können auf diese Art und Weise versuchen, gesund zu werden, aber ich betone immer wieder: Bitte keine Alleingänge! Auch wenn der Arzt, wie im Falle von Monika, die Welt nicht mehr versteht, so tun Sie so etwas trotzdem nur in Verbindung mit einer ständigen Kontrolle durch den Doktor. Merke: Noch nie ist ein Meister vom Himmel gefallen.

Wütende Anrufe

Während der Sendung »Wir aktiv« im österreichischen Fernsehen erzählte eine Frau, wie sie durch geistige Arbeit ein Myom (Geschwür) in ihrem Körper aufgelöst hatte. Daraufhin riefen nach der Sendung – so erzählte mir der Moderator Josef Kirschner – zwei Ärzte an, die wutentbrannt ins Telefon brüllten, daß dies überhaupt nicht möglich sei, und sie forderten, daß die Frau ihre Aussage widerrufen solle. Dies tat sie natürlich nicht, denn sie wußte im Gegensatz zu den beiden arroganten Medizinern, daß die Heilkraft in jedem Menschen zu Hause ist und nicht durch die Absolvierung des Medizinstudiums gepachtet werden kann. Der Arzt kann doch stets nur der Vermittler zwischen der Krankheit und der Heilkraft sein, aber die Heilkraft selbst ist im Unterbewußtsein der Menschen angesiedelt. Gott sei Dank bewegt sich auch die Schulmedizin in letzter Zeit etwas, und viele Dinge, die man vor Jahren noch als Humbug bezeichnete, gewinnen nun mehr und mehr an Bedeutung. Man beginnt, sich immer mehr mit den Wurzeln, den Ursachen von Krankheiten zu beschäftigen und stellt dabei immer häufiger fest, daß all diese Unregelmäßigkeiten des Körpers ihren eigentlichen Ursprung in der Seele haben; mit dem Wegschneiden des Symptoms allein gibt man sich inzwischen mancherorts schon lange nicht mehr so schnell zufrieden.

Wenn bei Ihrem Auto die Öllampe aufleuchtet, fahren Sie doch auch schnurstracks in die nächste Werkstatt und lassen zunächst einmal die Ursache beseitigen, nämlich das fehlende Öl auffüllen. Würden Sie in diesem Fall aber nur das Symptom beseitigen wollen, dann müßten Sie lediglich die Birne der Ölwarnlampe herausschrauben, um Ruhe zu haben. Aber wer geht schon so mit seinem geliebten Auto um?

Das Leben ist fair

Gestern erhielt ich einen Anruf von meinem Freund **Ernst**, der mir mitteilte, daß er soeben ein »Wunder«

erlebt hatte, und dabei bemerkte ich, daß er noch immer sehr aufgewühlt war. Am Morgen hatte ihm die Bank sämtliche Kredite gekündigt und ihn damit quasi fallengelassen. Nachdem er diese niederschmetternde Mitteilung erhalten hatte, setzte er sich an den Schreibtisch, schloß die Tür und bat sein Unterbewußtsein innigst um schnelle Hilfe. Er sprach mit sich selbst wie mit einem guten Freund, und zum ersten Mal im Leben brachte er auch die Worte »Lieber Gott« über seine Lippen, denn das Unterbewußtsein, so begriff er, ist ja in Wirklichkeit nichts anderes als die Gotteskraft in uns selbst. Plötzlich klopfte es heftig an der Tür, und als er öffnete, fiel ihm seine Frau überglücklich um den Hals, denn genau fünf Minuten zuvor hatte ihm sein größter Kunde, der ihn vor Wochen hatte hängenlassen und dadurch seine Krise auslöste, wissen lassen, daß er nach reiflicher Überlegung zu dem Entschluß gekommen sei, weiter mit ihm arbeiten zu wollen. So weit, so gut, aber das Beste kommt noch. Genau zu jenem Zeitpunkt, als mein Freund Ernst am innigsten um Hilfe bat, zog sein Konkurrent, der den Kunden einst abgeworben hatte, telefonisch sein Dumpingangebot zurück, obwohl es dafür absolut keinen Grund zu geben schien.

Das Leben ist nicht unfair, es stellt uns immer nur Aufgaben, die wir lösen können, vorausgesetzt, wir vergehen nicht vor Angst und Selbstmitleid, denn dafür hat das Leben absolut kein Verständnis. Die große französische Filmschauspielerin Brigitte Bardot drückte dies einmal so aus: »Ich habe vieles über das Leben gelernt, aber das Wertvollste war: Es geht immer weiter!«

So, nun greifen Sie wieder an, die nächsten Arbeitsblätter warten schon auf Sie.

1. Arbeitsblatt

Was kann ich mir nicht verzeihen?

_____

_____

_____

_____

_____

_____

_____

_____

_____

_____

_____

_____

_____

_____

_____

_____

_____

_____

_____

_____

_____

2. Arbeitsblatt

Folgende Dinge werde ich jetzt verändern:
(bei mehr als drei Dingen separates Blatt verwenden)

1. _____

2. _____

3. _____

Mein tägliches Erfolgsprogramm von 60 Minuten teile ich mir wie folgt ein:

von .... bis .... Minuten

von .... bis .... Minuten

von .... bis .... Minuten

Ich verspreche mir selbst, die von mir festgelegten »Trainingszeiten« konsequent einzuhalten, damit sich neue, bessere und glücklichere Umstände und Erfahrungen in meinem Leben verwirklichen und etablieren können.

3. Arbeitsblatt

Meine neue Zielbejahung lautet:

_____

_____

_____

_____

_____

_____

Meine neue Zielvorstellung lautet:

_____

_____

_____

_____

_____

_____

_____

_____

_____

9. Kapitel

Isabellas Lebenserfahrungen

> »Der wahre Arzt beugt sich
> ehrfurchtsvoll vor der Gottheit.«
>
> HIPPOKRATES

Als ich über Silvester 1990 wieder einmal auf den Malediven war, um dem Winter ein paar Wochen lang zu entfliehen und meinem Hobby, dem Sporttauchen, nachgehen zu können, erlebte ich Folgendes. Es war während der zweiten Woche meines Aufenthaltes auf der Insel Biyadhoo, als ich lesend am Strand lag und gerade darüber nachdachte, ob ich eine »Runde« Schnorcheln gehen sollte, als eine Dame, die ich bislang nur flüchtig kannte, mit ihren zwei Kindern von einem Inselrundgang zurückkam, bei mir anhielt und fragte, wie es denn meiner Sonnenallergie ginge, zu deren Behandlung sie mir drei Tage zuvor ein Röhrchen mit Calcium-Tabletten gegeben hatte. Während unserer Unterhaltung sagte sie dann plötzlich einen Satz, der mich aufhorchen ließ.

Sie erzählte, sie habe am Vormittag starke Kopfschmerzen gehabt, und als ich sie fragte, ob sie denn entsprechende Tabletten bei sich hätte, sagte sie: »Dafür brauche ich keine Tabletten, ich denke mir die Schmerzen ganz einfach weg!« Nun können Sie sich vorstellen, daß mein Interesse, diese Frau näher kennenzulernen, gewaltig wuchs, und ich nahm mir vor, in den nächsten Tagen einmal dem tieferen Grund der eben gemachten Aussage nachzugehen, denn meine Neugier war geweckt. Biyadhoo ist eine der schönsten Inseln im Südmale-Atoll der Malediven, und man braucht kaum mehr als 15 Minuten, um sie zu umrunden. Jeder, der dort Urlaub macht, tut dies durchschnittlich dreimal am Tag, denn der weiße Korallensand, der lange nicht so heiß wird wie der Sand an den europäischen Stränden, lädt förmlich zum Spazierengehen ein. Auf diese Art und Weise schafft man sich auch etwas Abwechslung, denn außer Schnorcheln, Tauchen und Lesen kann man nicht viel tun, und deshalb gehört ein mehrmaliger Inselrundgang fast schon zur täglichen Pflicht.

Meine Neugier war riesig

Als ich am selben Nachmittag im Begriff war, meine Inselumrundung zu beginnen, begegnete ich nach wenigen Minuten jener Dame, die mich am Vormittag schon so neugierig gemacht hatte. Ich erfuhr zunächst, daß sie Isabella hieß und aus der Nähe von Hannover kam. Als ich mich ihr dann selbst vorgestellt hatte, kam ich ohne weitere Umschweife gleich zum Kernpunkt meiner Frage: »Wie haben Sie das heute morgen gemeint, Sie würden sich die Kopfschmerzen einfach wegdenken?« Zuerst wurde sie etwas verlegen und meinte, daß es nur so ein dahingesagter Satz gewesen sei, denn sie konnte nicht ahnen, daß ich gerade im Begriff war, ein Buch über die Gesetze des Unterbewußtseins zu schreiben, und fürchtete vielleicht, von mir ausgelacht zu werden. Also begann ich, über Dr. Murphy, das konstruktive Denken und auch über mein eigenes Manuskript zu erzählen. Nun erkannte sie, daß sie keinen Spötter vor sich hatte, der sich über sie lustig machen wollte, und deshalb begann sie ihrerseits nun sehr bereitwillig zu erzählen: »Ausschlaggebend«, so begann sie, »war die Erziehung durch meine Großmutter, die mir schon in jungen Jahren eintrichterte: Wenn man nur gute Gedanken hat, dann wird man auch nicht krank. Sollte man aber trotzdem einmal Fehler machen und sich mit Negativitäten anfüllen und krank werden, dann bewirken gute und aufbauende Gedanken aber auch wieder eine sofortige Besserung des Zustandes.«

Die Großmutter war eine sehr kluge Frau

»Die Großmutter predigte diese Wahrheiten fast täglich, und deshalb prägten sie sich im Laufe der Jahre auch tief in meinem Unterbewußtsein ein, ohne daß ich überhaupt auf die Idee kam, sie als dumm oder abergläubisch abzutun. Ihre Weisheiten leitete meine Großmutter aus den Büchern eines gewissen N. Baker aus den USA ab, der in der christlichen Wissenschaft zu Hause war.

So wuchs ich im Laufe der Jahre heran, und wenn ich einer Krankheit oder einem Problem gegenüberstand, dann löste ich die Zustände jeweils sehr schnell auf, indem ich Großmutters Ratschläge beherzigte.

Im Alter von 27 Jahren erwartete ich mein zweites Kind. In der 20. Schwangerschaftswoche passierte es, daß mein Mann mit unserem Bernhardiner Barry von einem Spaziergang zurückkehrte und das Tier sich plötzlich losriß, um mich besonders stürmisch zu begrüßen. Ich konnte mich, als Barry zum Sprung ansetzte, gerade noch geistesgegenwärtig zur Seite drehen, aber nicht mehr verhindern, daß er mich an der rechten Seite des Bauches mit seinen Vorderläufen erwischte. Im ersten Augenblick sah es so aus, als sei die Sache für mich harmlos verlaufen und das gerade im Entstehen begriffene neue Leben in mir unverletzt geblieben. Aber nach wenigen Tagen setzten heftige Blutungen ein und ich ging ins Krankenhaus, um mich untersuchen zu lassen. Ich brachte diese Blutungen absolut nicht in Zusammenhang mit dem Vorfall mit Barry und glaubte, daß die Geschichte eine ganz normale Erklärung finden würde. Während der Untersuchung entdeckten die Ärzte aber ein etwa Fünf-Mark-Stück-großes Geschwür am Mutterkuchen.«

Die Diagnose

»Die Ergebnisse der Gewebeprobe waren eindeutig: Ich hatte Krebs! Zunächst verbannte man mich etwa zwei Wochen auf die Krebsstation, wo man mir eröffnete, daß ich mein Kind verlieren würde, aber dafür die Chance einer erfolgreichen Operation hätte, um wieder ganz gesund zu werden. Ich lehnte eine Operation jedoch entschieden ab und erinnerte mich an Großmutters Geheimrezepte mit positiven Bildern, um negative Ansätze im Körper aufzulösen.

Zunächst ließ ich mich auf eigenes Risiko von der Krebsstation auf die Entbindungsstation verlegen und begann sofort mit meiner geistigen Behandlung, in der ich mir ständig vorstellte, daß die Geschwulst, ähnlich einem Luftballon, aus dem man die Luft herausläßt, kleiner würde. Ein junger, ehrgeiziger Arzt, der auf der Entbindungsstation Dienst tat, unterstützte mich in meinen Bemühungen, indem er mich und das Kind in mir ständig untersuchte und mir intravenös Vitamine, Mineralien, Antiwehenmittel und viel Eisen zur Stabilisierung des Blutbildes spritzte. Dieser Arzt entdeckte dann auch, daß ich einen Riß im Mutterkuchen hatte.«

Das sogenannte »Wunder«

»Ruhig, von Omas ständigen Suggestionen gestärkt, verarbeitete ich auch diese neue Situation, die auf den Unfall mit Barry zurückzuführen war, und mein zuvor schon unbändiger Wille, ein gesundes Baby zur Welt zu bringen und dabei den Krebs in meinem Körper zu besiegen, wuchs dadurch noch mehr. Nach weiteren vier Wochen, in denen ich geistig stets die totale Zurückbildung meines Geschwürs und die Geburt eines gesunden Kindes bebilderte, wurde dann nach einer Untersuchung die völlige Zurückbildung des Krebsgeschwürs festgestellt, und ich habe noch nie zuvor in meinem Leben so viele dumme und verblüffte Gesichter von Menschen in weißen Kitteln gesehen wie in diesen Minuten. Noch während die Ärzte rätselten, worauf diese ›Wunderheilung‹ zurückzuführen sei, begann ich – noch mit Schläuchen und Kanülen in den Handrücken – Babywäsche zu stricken, denn ich hatte inzwischen wieder ein Selbstbewußtsein, das seinesgleichen suchte. Stell Dir vor, Peter, ich hätte den verdutzten Ärzten damals ganz trocken gesagt, daß ich mich ›gesund-bebildert‹ oder ›gesund-gedacht‹ habe; die hätten mich doch postwendend auf die psychiatrische Abteilung verlegt, mir einen Teddybären zum Spielen gebracht und mir täglich abwechselnd »Rapunzel« und »Schneewittchen« vorlesen lassen.«

Sebastian

»Von den Untersuchungen her wußte ich, daß mein Kind, das durch den Riß im Mutterkuchen nicht optimal ernährt werden konnte, extrem zart und klein werden würde, aber ich war zutiefst überzeugt davon, daß alles gutgehen wird und es später einmal ein richtiger Wildfang werden würde.

In der 32. Schwangerschaftswoche beschloß ich intuitiv, mein Kind zu bekommen, riß mir die Kanülen aus den Armen und bestand nachdrücklich auf einem Kaiserschnitt. Ich konnte mir zwar nicht erklären, warum ich ganz plötzlich so reagierte, aber auch dabei war mein Unterbewußtsein mit im Spiel, denn kurz nachdem die Ärzte mich von einem Jungen mit 1400 Gramm entbunden hatten, teilten sie mir mit, daß es höchste Zeit für einen Kaiserschnitt gewesen sei; keine zwei Stunden später nämlich wäre der Sauerstoffgehalt im Fruchtwasser gekippt und mein Kind verloren gewesen.

Sebastian, so nannten wir unseren Sohn, konnte vom ersten Moment an schreien« – (was er bis heute kein bißchen verlernt hat, dachte ich bei mir, während ich diesen Wildfang dabei beobachtete, wie er mit den anderen Kindern am Strand herumtollte) – »und war kerngesund. Ich war natürlich«, so fuhr sie fort, »die absolute Attraktion dieses Krankenhauses, und die Geburtsanzeige sowie die Bilder von ›Basti‹ hingen über zehn Jahre lang sowohl auf der Intensiv- als auch auf der Entbindungsstation dieser Klinik.«

Inzwischen war die Sonne hinter den Palmen der Nachbarinsel Villivaru angekommen; Isabella und ich waren während ihrer Erzählung immer mehr Richtung Wasser gerückt, denn es hatte über 40 Grad an diesem Januarnachmittag, und deshalb saßen wir beide inzwischen im 28 Grad warmen Wasser des Indischen Ozeans, umringt von kleinen Korallenfischen und Einsiedlerkrebsen.

Ich bewunderte Isabella sehr, denn sie hat etwas geleistet, was nur wenige Menschen, die ich kenne, fertigge-

bracht haben, nämlich sich selbst und ihrem Unterbewußtsein total zu vertrauen, auch und gerade in solch
schweren Stunden. Sie hielt keine Vorträge über die
Macht der Gedanken, um in der Stunde der Bewährung
dann hysterisch zu reagieren wie so manche von den sogenannten »Pseudo-Esoterikern« unserer Zeit, weil sie
ihrer inneren Kraft vertraute und dann mutig und entschlossen handelte. Unwillkürlich mußte ich dabei an
eine frühere Bekannte von meiner Frau und mir denken,
die uns einmal zwei Stunden lang salbungsvolle Vorträge
über ihr angelesenes esoterisches Wissen hielt, um zwei
Minuten später ihr Kind links und rechts zu ohrfeigen,
weil es sich vor einem Sonnenbad nicht eingecremt hatte
und es danach mit den Worten: »Du bekommst bestimmt Hautkrebs, wenn du deine zarte Haut nicht ein-
cremst!« anzubrüllen. Nein, Isabella war eine Frau der Tat
und nicht der Worte, und das beeindruckte mich.
Während ich gerade im Geiste diesen Vergleich anstellte,
riß mich Bella mit den Worten: »Ich kann dir noch ein anderes gutes Beispiel nennen«, aus meinen Überlegungen,
und dann erzählte sie mir von ihrem Vater, der anscheinend ein sehr intoleranter Mann gewesen war und ständig seine Gesundheit aufs Spiel gesetzt hatte. »Er war am
Ende seines Lebens an den Rollstuhl gefesselt und geistig
nicht mehr ganz auf der Höhe, um seinen Zustand milde
zu beschreiben. Ich richtete meine Gedanken darauf aus,
daß ich ihn geistig sanft einschlafen sah, und daran hielt
ich auch in meinem damaligen Urlaub unbeirrt fest. Kurz
nachdem ich wieder zu Hause war, schlief er genauso,
wie ich es ihm gewünscht hatte, sehr sanft und sehr fried-
lich in meinen Armen ein. Für uns alle, aber vor allen Dingen für ihn, war dies eine große Erlösung.«
Isabella hatte sich mit ihrem Vater unterhalten und er
hatte sie gebeten, ihm beim Sterben zu helfen. Dies war

praktizierte Sterbehilfe, und kein Gericht der Welt wird sie deshalb verurteilen können.

Als wir uns danach wieder auf den Rückweg zu unserem Stammplatz am Strand machten, an dem Isabellas Mann und ihre Kinder uns bereits erwarteten, sagte sie noch zu mir: »Ich glaube, man kann sehr viel bewegen mit geistiger Arbeit, und es wäre schön, wenn du es schaffen würdest, dies in deinen Büchern rüberzubringen, damit die Menschen mehr und mehr davon Gebrauch machen können.« Ich versprach ihr, dies wirklich ernsthaft zu versuchen und drückte ihr lange die Hand in der festen Überzeugung, daß mein Urlaub durch dieses Gespräch eine große Bereicherung erfahren hatte.

Zu Besuch in Las Vegas

Welche Kettenreaktionen oft entstehen können, wenn man beständig und unermüdlich mit der Kraft beziehungsweise den Energien, die unserem Unterbewußtsein zur Verfügung stehen, kommuniziert, zeigt das folgende Beispiel, das ich im Jahr 1993/94 erlebte, sehr anschaulich.

Es begann damit, daß meine Frau im Frühjahr das Buch »Siegfried & Roy – Meister der Illusionen, Geschichte eines Welterfolges« nach Hause brachte. Monatelang lag dieses mit vielen schönen und interessanten Bildern gespickte Werk unberührt im Schlafzimmer auf dem Nachttisch meiner Frau. Mehrmals fragte ich sie – zwischenzeitlich las sie alles mögliche, nur nicht dieses Buch –, warum sie es sich überhaupt gekauft habe, wenn sie gar nicht hineinschaue. Komischerweise interessierte es aber auch mich nicht sonderlich, obwohl ich schon seit langer Zeit ein großer Fan von Siegfried & Roy bin.

Irgendwann Anfang September begann meine Frau dann doch mit dem Lesen der Erfolgsstory der beiden Weltstars, die einst von Rosenheim beziehungsweise Nordenham ausgezogen waren, um die Welt mit ihren einmaligen Illusionen zu verzaubern. Schwer begeistert drückte sie es mir schon nach wenigen Tagen mit dem Hinweis »Ich bin fertig und total fasziniert« in die Hand und meinte weiter: »Ich verstehe gar nicht, warum ich das Buch so lange liegengelassen habe, es ist einfach super, und du solltest es am besten auch gleich lesen.« Wie mir geheißen (Befehlsverweigerung kenne ich nicht) begann ich unverzüglich damit, das Buch zu lesen, und es dauerte nicht lange, bis mir ein erster Schauer über den Rücken lief. Es handelte sich dabei um eine Geschichte, die Siegfried erlebt hatte und die ein perfektes Beispiel für angewandtes konstruktives Denken und ein damit verbundenes sogenanntes »Wunder« war. Aber lesen Sie die Geschichte am besten kurz selbst, vielleicht entsteht auch bei Ihnen so was wie eine Gänsehaut.

Auszug aus dem Buch »Siegfried & Roy – Meister der Illusionen, Die Geschichte eines Welterfolgs« (edition ferenczy bei Bruckmann, München), mit freundlicher Genehmigung von Siegfried & Roy persönlich:

»In den ersten Nachkriegsjahren starrte ich auf dem Heimweg von der Schule in Schaufenstern die wenigen Luxusartikel an, von denen ein kleiner Junge träumte: Kuchen und Süßigkeiten. Leisten konnte ich sie mir nie. Aber ich ging nie an den Läden vorbei, ohne sie mir anzusehen.

Als ich acht Jahre alt war, fiel mir eines Nachmittags etwas in der Auslage einer Buchhandlung auf – ein Zauberbuch. Über vierzig Jahre später kann ich nicht erklären, was mich zu diesem Buch hinzog, aber nachträglich gesehen muß irgendeine geheimnisvolle Macht am Werk gewesen sein. Ich ging hinein, ließ es mir zeigen und studierte es eingehender als jedes Schulbuch. Ich brauchte nicht lange, um zu dem Schluß zu gelangen, dieses Buch haben zu müssen.

Das einzige Hindernis, das mir im Wege stand, war der Preis des Buches. Fünf Mark. Für mich ein Vermögen. Für jeden kleinen Jungen im Deutschland des Jahres 1947 ein Vermögen. Aber ich *mußte* es einfach haben. Meine einzige Hoffnung war, mir das Geld irgendwie zu verdienen. Also ging ich nach Hause und war der netteste Junge, den man sich vorstellen kann. Mein Benehmen war völlig atypisch. Ich machte mein Zimmer sauber; ich deckte den Tisch fürs Abendessen; ich wusch das Geschirr ab. Meine Mutter, die als Älteste von acht Geschwistern aufgewachsen war und sämtliche Tricks kannte, begriff sofort, daß ich etwas im Schilde führte.

Ich hatte erst die Hälfte des Geschirrs abgespült, als sie plötzlich hinter mir stand und fragte: ›Was ist denn los mit dir?‹ – ›Na ja, ich hab' ein Zauberbuch gesehen...‹ Weiter kam ich nicht. ›Was? Ein Zauberbuch? Bist du denn von allen guten Geistern verlassen?‹ meinte sie, schüttelte den Kopf und verließ die Küche.

›Bitte!‹ rief ich. ›Es kostet bloß fünf Mark. Kann ich's bitte haben?‹ – ›Fünf Mark! Du weißt, daß das unmöglich ist.‹

Das war mir klar, aber ich bat und bettelte weiter in der Hoffnung, daß sie sich doch noch würde erweichen lassen. Aber natürlich half nichts.

Wir wohnten am Stadtrand von Rosenheim, im Ortsteil Kastenau, ziemlich weit von den Geschäften entfernt. Dies war für mich nicht die richtige Zeit, um Einkaufen zu gehen, aber ich verließ dennoch das Haus, ohne recht zu überlegen, was ich tat. Irgend etwas machte mich innerlich ganz stark – ein Gefühl, das ich nie zuvor hatte und das ich auch danach nie wieder so intensiv empfunden habe: Ich wünschte mir etwas und spürte, daß mir bestimmt war, es zu erhalten. Ich wußte nicht, *wie* ich an dieses Buch kommen würde, aber ich ahnte, daß es meins sein würde.

Was dann geschah, klingt wie ein Märchen, aber es ist eine Tatsache und war auf merkwürdige Weise vielleicht mein erstes wirklich magisches Erlebnis. Auf der Straßenseite gegenüber der Buchhandlung balancierte ich wie ein Seiltänzer auf dem Randstein und überlegte dabei, was ich als Nächstes tun sollte, als mein Blick in den Rinnstein fiel. Dort lag ein Fünfmarkstück auf dem Pflaster ...

Mit zitternden Händen griff ich danach – gegen alle ›Vernunft‹ holte ich mir das Buch und lief nach Hause. Ich war mir bewußt, daß es schwierig sein würde, dies meiner Mutter zu erklären, die nicht viel von Märchen und von Wundern hielt. Aber da ich nun das Buch hatte, war mir alles andere gleichgültig. Dafür konnte ich jede Strafe ertragen.«

Ich überlegte, nachdem ich im Lauf der nächsten Stunde noch mehr solcher Stories in diesem Buch fand, nicht sehr lange und entschloß mich, Siegfried & Roy einen Brief zu schreiben, in dem ich ihnen den Zahn, daß es sich bei den geschehenen Ereignissen um unglaubliche Zufälle handelte, ziehen wollte. Ich legte dem Brief noch mein Buch »Wunderwerk Unterbewußtsein« bei und schickte das ganze per Post in Richtung Las Vegas.

Keine 18 Tage danach bekam ich einen Brief von den beiden Künstlern, in dem sie sich für das Buch und meinen Brief bedankten und mich, sobald ich in Las Vegas sei, einluden, als ihr Gast ihre Show zu sehen. Ich hatte in meinem Brief auch erwähnt, daß ich Anfang Februar einige Tage bei Dr. Jean Murphy, der Witwe von Dr. Joseph Murphy, in Kalifornien sein würde. Ich flippte fast aus vor lauter Freude, im Gegensatz zu meiner Frau, die mir zunächst kein Wort glaubte, als ich sie nach Erhalt des Briefes in der Firma anrief.

So weit, so gut. Aber jetzt beginnt die eigentliche Geschichte der eingangs erwähnten Kettenreaktionen erst richtig.

Tagelang zerbrachen meine Frau und ich uns den Kopf darüber, was man zwei solchen Weltstars wohl als Präsent mitbringen könnte. Wir wollten gerne etwas Originelles, Witziges. Kurz darauf war ich bei meinem Bruder und seiner Freundin eingeladen, und an diesem Abend blätterten wir alle gemeinsam in einem Buch des Karikaturisten Uli Stein, dessen herrliche satirische Zeichnungen uns immer wieder aufs neue faszinieren. Noch während der Fahrt nach Hause kam mir dann auch die Idee, Siegfried und Roy mit einem Buch von Uli Stein eine Freude zu machen, und auch meine Frau fand diesen Vorschlag gut.

Am nächsten Tag – ich wollte gerade in die Buchhandlung gehen, um mein Vorhaben in die Tat umzusetzen – kam mir plötzlich der Gedanke, daß es doch sehr schön wäre, wenn die Bücher von Uli Stein persönlich signiert wären. Kurzentschlossen setzte ich mich deshalb hin und schrieb Uli Stein einen Brief, in dem ich die Sachlage erläuterte und um zwei handsignierte Exemplare – natürlich gegen Bezahlung – bat.

Zwei Wochen danach erhielt ich von ihm dann jeweils ein handsigniertes Buch für die beiden Künstler sowie eines für mich persönlich, was mich natürlich ganz besonders freute. Des weiteren schickte Herr Stein für Siegfried und Roy jeweils ein Hemd mit einer eingestickten Karikatur aus einem seiner Bücher. Er schrieb, daß er selbst ein großer Verehrer der beiden Künstler sei, ebenso von David Copperfield, und daß auch er einmal nach Las Vegas fliegen wolle, um sie alle live sehen zu können.

Kaum hatte ich diese erfreuliche Entwicklung richtig verdaut, bekam die Geschichte schon wieder eine neue Dimension, denn ich erhielt einen Anruf vom Norddeutschen Rundfunk in Hamburg. Bereits beim Erscheinen meines zweiten Buches »Wunderwerk Unterbewußtsein« auf der Frankfurter Buchmesse im Herbst 1993 hatte mich ein Vertreter des NDR angesprochen, ob ich nicht Interesse daran hätte, mein Buch in der Sendung »Die aktuelle Schaubude« vorzustellen. Natürlich wollte ich, und der erwähnte Anruf enthielt auch gleichzeitig die Einladung, irgendwann im Jahr 1994 Gast des NDR in Hamburg zu sein. Während dieses Telefonats fragte mich der zuständige Redakteur, ob ich nicht während der Sendung eine kleine Geschichte erzählen könnte, aus der deutlich würde, was alles mit positivem Denken geschehen könne, wenn man ganz konsequent mit seinem Unterbewußtsein arbeitet. Daraufhin erzählte ich ihm die Anekdote von Siegfried & Roy, Uli Stein, Las Vegas und der Einladung dorthin.

Bevor ich Ihnen die Geschichte zu Ende erzähle, ganz kurz ein Zwischenresümee: Hätte meine Frau das Buch sofort, als sie es gekauft hatte, gelesen und gleich an mich weitergegeben, so wäre wahrscheinlich überhaupt nichts passiert. Aber genau zu dem Zeitpunkt, als die ganze Sache ins Rollen kam, war ich gerade dabei, einige Exemplare meines neuen Buches an die Medien zu verschicken, was mich dann auch auf die Idee brachte, sowohl Siegfried & Roy und später Uli Stein mit einem Exemplar zu versorgen. Auch der Anruf des NDR paßte perfekt ins Bild, ebenso wie der Besuch bei meinem Bruder, bei dem ich seit etwa drei Jahren zum erstenmal wieder aufgekreuzt war.

Alles muß eben erst wachsen und alles kommt immer nur zu seiner Zeit. Das Unterbewußtsein hat seinen eigenen Plan und Rhythmus, und wir alle sollten wieder viel mehr Vertrauen in jene unendliche Intelligenz haben, wenn wir beispielsweise um Erfolg und um Wachstum im Berufs- und Privatleben bitten.

Das Unterbewußtsein läßt sich nichts vorschreiben, läßt sich nicht drängen; aber mit einer gehörigen Portion Selbstvertrauen und mit dem unbeirrten Glauben an seine Macht werden auch Sie ähnliche Resultate erreichen können. Lesen Sie dazu auch, was Roy zu diesem Thema zu sagen hat: »Wir haben alles und mehr erreicht, wovon wir uns jemals hätten träumen lassen, und wenn ich zurückblicke, kommt es mir vor, als sei mein ganzes Leben Magie gewesen...

Man könnte behaupten, wir seien nie erwachsen geworden. Wir träumen noch immer wie Kinder, und wir möchten das Kind in Erwachsenen wecken und sie ermutigen, wieder zu träumen, wie sie es als Kinder getan haben. Wir besitzen genügend Lebenserfahrung, um zu wissen, daß Träume immer mehr verdrängt und verschüttet werden, je älter man wird. Aber ein Mensch ohne Phantasie, ohne Träume ist nichts.«

Dieser Aussage, die wir uns alle hinter den Spiegel stecken sollten, will ich nur noch ein Zitat von Friedrich Hölderlin anfügen: »Ein Gott ist der Mensch, wenn er träumt, ein Bettler, wenn er nachdenkt.«

Ich wußte, daß Siegfried & Roy in Deutschland von der Ferenczy Presseagentur in München vertreten und betreut werden. Was ich nicht wußte, war, daß Ferenczy inzwischen von meinem Verlag gebeten worden war, auch mich zwecks PR-Betreuung unter Vertrag zu nehmen.

Während meiner diesbezüglichen Verhandlungen in München erzählte ich dann auch Herrn Dr. Andreas von Ferenczy die ganze Geschichte, und kaum eine Woche später war zu meiner großen Überraschung alles arrangiert, und plötzlich bekam ich nicht nur die Chance, Siegfried & Roy live in der Show zu sehen, sondern Herr von Ferenczy arrangierte darüber hinaus sogar einen Fototermin und ein persönliches Gespräch mit den beiden Künstlern für mich. Wer glaubt da noch an Zufall?

Endlich in Las Vegas ...

Ende Januar 1994 war es dann soweit. Über Los Angeles und Palm Springs, wo ich Besprechungstermine mit Dr. Jean Murphy sowie den Bestsellerautoren Dr. Donald Curtis und Dr. Tom Costa hatte, erreichten meine Frau und ich am Morgen des 9. Februar das Spielerparadies Las Vegas. Mein Termin, den die Agentur für mich mit den »Masters of Illusion« festgelegt hatte, war im Anschluß an die erste Abendshow des 11. Februar. Wir hatten also noch genügend Zeit, uns Las Vegas – die wohl verrückteste Stadt der Welt – mit ihren zahllosen Hotels, Casinos und Shows anzusehen, was wir auch ausgiebig taten.

Dann, am 11. Februar um 19.30 Uhr begann die langerwartete Show, und es war wirklich atemberaubend, was Siegfried & Roy mit ihrem Ensemble, den weißen Tigern und den vielen anderen Tieren dem faszinierten Publikum boten.

Am Ende waren alle Zuschauer völlig begeistert, und noch ehe ich meinen zweiten Cocktail getrunken hatte, wurden wir beide von einer sehr netten jungen Dame am Tisch abgeholt und hinter die Bühne geführt. Die

Wände des Treppenhauses waren dicht an dicht mit Bilderrahmen geziert, aus denen mir die ganz Großen dieser Welt, flankiert von den beiden Künstlern, entgegenblickten: Könige, Schauspieler, Sänger und Sportler, die auf der ganzen Welt verehrt werden, hingen hier beisammen. Nach wenigen Minuten erschien zuerst Siegfried, dem die Strapazen der gerade gelaufenen Show noch deutlich anzusehen waren, und kurz darauf Roy, der ebenso eine ungeheure Kondition für die über eineinhalb Stunden dauernde Vorstellung braucht.

Wir unterhielten uns gemeinsam über Meditationen mit Tieren – denn Roy meditiert ständig mit seinen Tigern – sowie über die Geschichte mit den fünf Mark, die Siegfried einst am Straßenrand gefunden hatte. Wir sprachen über Zusammenhänge und Hintergründe, und es entwickelte sich so ein sehr interessantes Gespräch. Es wurden noch einige Fotos gemacht, und schon war die Zeit wieder um, denn die beiden mußten sich auf die zweite, ebenfalls seit Wochen ausverkaufte Abendvorstellung vorbereiten.

Ich verbrachte an diesem Abend ganz sicher die aufregendsten und interessantesten Minuten meines bisherigen Lebens mit zwei Weltstars, die nicht nur in Las Vegas, sondern überall, wo immer sie auch auftreten, Menschen faszinieren und begeistern. Doch eines war nicht nur während des Gesprächs, sondern auch schon vorher in der Show fast greifbar zu spüren, nämlich daß beide bei allem Erfolg heute noch das sind, was sie einstmals überhaupt befähigt hat, diesen grandiosen Erfolg zu erlangen: nämlich Siegfried aus Rosenheim und Roy aus Nordenham, weil sie sich selbst treu geblieben sind. Sie machten die legendäre Karriere vom Tellerwäscher zum Millionär auf ihre Art und Weise, aber mit denselben Voraussetzungen wie alle anderen, die vor ihnen diesen Weg gegangen sind, nämlich mit einem konstruktiven Traum, einem unbändigen Willen, das einmal Vorgenommene auch zu erreichen und einer Lebenseinstellung, in der kein Platz für Worte wie »Ich kann nicht« oder »Das geht nicht« ist.

Wer wirklich wissen will, wie man das erreicht, was man sich in seinen kühnsten Träumen zurechtlegt, dem empfehle ich das Buch von Siegfried & Roy als absolute Pflichtlektüre.

Auf einem Video-Spot, der ständig im Mirage-Hotel in Las Vegas zu sehen ist, fordern die beiden die Besucher unter anderem auf: »Look for the magic that is around you.« Frei übersetzt: Schau dich in deiner Welt um, alles ist Magie und Zauber, jede Blume, jeder Baum, jedes Tier, alles was dich umgibt, ist Magie und Zauberei. Und dies kann man nur nachdrücklich unterstreichen.

Glauben Sie denn, Siegfried oder Roy würden die Leistungen, die sie erbringen, auf das Können anderer zurückführen? (Abgesehen von der grandiosen Arbeit ihres Teams) Nein! Niemals. Sie werden immer auf sich selbst verweisen und stolz auf ihre Arbeit sein. Nur der Erfolglose schiebt immer alles auf andere und macht Gott und die Welt für sein eigenes Unvermögen und Versagen verantwortlich. Wie schreiben die beiden in ihrem Buch: »In uns allen erklingt eine zarte Melodie. Wenn wir sie hören und ihr folgen, führt sie uns zur Erfüllung unserer sehnlichsten Träume.«

Das war die Geschichte, wie ich Siegfried und Roy kennengelernt habe. Erzählt habe ich sie Ihnen nicht deshalb, weil Sie mich beneiden sollen, sondern damit auch Sie beginnen, mit Mut und Selbstvertrauen Ihre vielleicht schon fast ad acta gelegten Träume neu zu aktivieren und sie mittels der Techniken, die ich Ihnen in diesem Buch vermittle, zu emotionalisieren, ihnen neue Farben und Konturen zu geben, und damit auch Sie wieder daran glauben, daß alles möglich ist für den, der wirklich bereit ist, mit sich und an sich zu arbeiten. Erfolge wachsen nicht auf den Bäumen des »Zufalls«, sie werden vielmehr gemacht in der Werkstatt Ihrer Imagination, die – wie Einstein es ausdrückte – für ihn »die Werkstatt Gottes« ist.

Bejahungen richtig formulieren!

So, nun sind Sie wieder an der Reihe, kreativ zu werden. Schauen Sie sich dazu das Beispiel auf Seite 102 ff. an und kreieren Sie dann Ihr eigenes Programm. Wichtig bei der Bejahung ist nur, daß Sie nicht das verneinen, was Sie nicht wollen, sondern daß Sie das bejahen, was Sie wollen. Also nicht: »Jetzt bin ich nicht mehr krank«, sondern »Jetzt bin ich völlig gesund. Es geht mir von Tag zu Tag besser, besser und besser.« Nicht: »Jetzt bin ich nicht mehr arbeitslos«, sondern »Ich danke jetzt für die neue und gutbezahlte Stellung, die mir Freude macht und ganz meinen Talenten und Fähigkeiten entspricht.«
Manche Leute schreiben mir, wie gut ihnen mein Buch gefallen hat und wie interessant es war, sie schildern mir oft seitenlang ihre Probleme, und schließen dann mit der Bitte, ich solle ihnen eine Bejahung dafür aufschreiben. Seien Sie selbst kreativ und mutig und stellen Sie sich Ihre eigene Bejahung für jede Lebenssituation zusammen! Lesen Sie das Buch drei- oder viermal, dann wissen Sie, wie es geht. Kurzum, übernehmen Sie wieder die Verantwortung für sich selbst und für Ihr Leben.
Ebenso verhält es sich bei Ihren positiven Vorstellungen, hier heißt die oberste Regel: Stellen Sie sich niemals vor, wie sich etwas vollzieht, sondern gehen Sie zum glücklichen Ende. Stellen Sie sich vor, was Sie fühlen würden, wenn Ihr Problem jetzt auf der Stelle gelöst wäre, und

kleiden Sie dieses Gefühl dann in einen dazu passenden Handlungsablauf. Auch hier verweise ich auf die Beispiele in diesem Buch oder in meinen beiden vorangegangenen Titeln: »Nichts ist unmöglich« und »Wunderwerk Unterbewußtsein« (beide Herbig Verlag, München).

Jetzt zum Ablauf Ihrer täglichen Übung. Obwohl es auch hier keine starren und festen Regeln gibt, empfehle ich Ihnen die nun folgende Vorgehensweise: Ziehen Sie sich in einen Raum zurück, in dem Sie alleine sind und sich zumindest hinsetzen können (hierzu ist notfalls auch die Toilette sehr gut geeignet). Setzen oder – wenn Sie ein Bett in dem Raum haben – legen Sie sich flach auf den Rücken und beginnen Sie damit, für etwa zwei Minuten Ihren Atem zu beobachten und sich zu sammeln. Dann sprechen Sie etwa fünf Minuten lang laut Ihre Bejahung. Danach schließen Sie die Augen und beobachten nochmals mehrere Augenblicke lang Ihren Atem, bevor Sie sich für etwa 15 Minuten Ihrem – wie ich es nenne – inneren Spielfilm zuwenden. Es ist dabei nicht wichtig, daß Sie alles so deutlich sehen wie beispielsweise Werner Veigel auf dem Bildschirm, wenn er die Nachrichten spricht, sondern daß Sie in dieses Erlebnis, das Sie sich möglicherweise nur schemenhaft vorstellen können, »eintauchen« und dabei erfühlen: Wie würde mir jetzt zumute sein, wenn es schon so wäre, wie ich es mir gerade vorstelle?

Danach sprechen Sie nochmals etwa fünf Minuten Ihre Bejahungen und dann wenden Sie sich wieder Ihrer täglichen Arbeit zu. Schauen Sie aber zuvor nochmals in den Spiegel und versprechen Sie sich selbst aufrichtig, sofort und unverzüglich mit den positiven Veränderungen in Ihrem Leben zu beginnen, und dann »Ring frei« für das nächste Arbeitsblatt.

1. Arbeitsblatt

Wie möchte ich geliebt werden?

_____

_____

_____

_____

_____

_____

_____

_____

_____

_____

_____

_____

_____

_____

_____

_____

_____

_____

2. Arbeitsblatt

Folgende Dinge werde ich jetzt verändern:
(bei mehr als drei Dingen separates Blatt verwenden)

1. _____

2. _____

3. _____

Mein tägliches Erfolgsprogramm von 60 Minuten teile ich mir wie folgt ein:

von .... bis .... Minuten

von .... bis .... Minuten

von .... bis .... Minuten

Ich verspreche mir selbst, die von mir festgelegten »Trainingszeiten« konsequent einzuhalten, damit sich neue, bessere und glücklichere Umstände und Erfahrungen in meinem Leben verwirklichen und etablieren können.

3. Arbeitsblatt

Meine neue Zielbejahung lautet:

_____

_____

_____

_____

_____

_____

_____

Meine neue Zielvorstellung lautet:

_____

_____

_____

_____

_____

_____

_____

_____

_____

10. Kapitel

Wichtige Erkenntnisse

»Wer aufgibt, wird nie Sieger,
und ein Sieger gibt nie auf.«

<small>UNBEKANNTER AUTOR</small>

Wenn Sie beispielsweise joggen und jeden Tag die gleiche Strecke laufen, dann durchlaufen Sie doch auch immer neue Entwicklungsstufen. Wenn Sie damit beginnen, eine bestimmte Flachstrecke zu laufen, dann müssen Sie als Anfänger wahrscheinlich des öfteren stehenbleiben und pausieren, um etwas zu verschnaufen. Sollte dies beim ersten Lauf dreimal der Fall sein, dann sind Sie wahrscheinlich schon recht zufrieden, wenn Sie diese kurzen Verschnaufpausen im Laufe der Zeit auf zwei oder auch nur eine reduzieren können. Eines schönen Tages sind Sie dann dank Ihres intensiven Trainings in der Lage, dieselbe Strecke – ohne auch nur einmal anzuhalten – durchzulaufen, und von Mal zu Mal werden Sie diese Route dann schneller laufen können. Irgendwann aber kommt der Punkt, da können Sie diese Strecke erstens nicht mehr sehen, weil sie Ihnen zum Hals heraushängt und Sie inzwischen jeden Maulwurf persönlich kennen, und zweitens fordert sie diese auch nicht mehr richtig. Also wählen Sie eine neue Streckenführung, vielleicht diesmal mit Steigungen und etwas mehr Schwierigkeiten, und schon beginnt der Prozeß wieder von vorne, weil Sie auch damit anfangs Ihre Schwierigkeiten haben werden. Sie entwickeln sich also dadurch, daß Sie sich ständig fordern, und das ist gut so. Ebenso ist es mit Ihrer geistigen Arbeit. Auch ich habe einmal mit den ersten Zeilen des Buchs von Dr. Murphy begonnen, und heute bin ich mitten drin in meinem dritten eigenen Buch. Dazwischen liegen genau 18 Jahre mit Höhen und Tiefen, Freudentränen und Flüchen, geliebten und in die Ecke geworfenen Büchern sowie unzähligen Menschen und Erfahrungen, die mich auf meinem persönlichen Weg ebenfalls immer wieder gefordert haben und dadurch vorwärts trieben. Eines habe ich allerdings niemals getan: Ich habe nie aufgegeben! Manchmal habe ich einige Tage oder Wochen pausiert, aber mich hatte dieses Thema gepackt, fasziniert, ja fast süchtig gemacht wie eine Droge.

Deshalb finden auch Sie Ihren eigenen Weg. Lesen Sie nicht nur dieses Buch, sondern alles, was Sie über dieses Thema in die Hand bekommen. Es könnte beispielsweise nur ein einziger Satz sein – egal von wem –, der in Ihnen eine Initialzündung hervorruft, der Ihnen ganz unerwartet und plötzlich die Augen öffnet, so daß Sie sagen: »Ach so!« Dabei wird Ihnen dann auf einmal alles bewußt, werden Ihnen alle Zusammenhänge klar und Sie blicken dann mehr und mehr hinter diese scheinbar so komplizierten Geheimnisse.

Enthüllte Geheimnisse

Sie haben sicher schon einmal zugesehen, wie ein Denkmal enthüllt wurde. Solange das weiße Tuch es noch bedeckte, konnte man lediglich die Konturen der darunter verborgenen Statue erahnen; als aber jemand an der Schnur zog, fiel das Tuch herab und das Denkmal war in allen Einzelheiten deutlich zu sehen. Wenn Sie also einmal eine sozusagen »geistige Denkmalenthüllung« erleben, dann sollten Sie dankbar sein und sich ganz bewußt spüren, denn Sie sind von diesem Moment an nie mehr derselbe Mensch, der Sie an jenem Morgen waren, als Sie aufgestanden sind. Die Gedanken, mit denen sich die meisten Menschen schaden, sind die der Verurteilung, der Ressentiments, des Neides und des Hasses; eine solche Denkweise blockiert nämlich den Fluß des Lebens in jedem von uns.

Sich selbst vergeben können

Vielleicht sind Sie schon einmal durch eine Ihnen unbekannte Landschaft gewandert und haben dort ein ausgetrocknetes Bachbett entdeckt. Einige Kilometer weiter haben Sie auch den Grund dafür gesehen, nämlich einen Staudamm, der – von einer Biberfamilie gebaut – den Fluß des Wassers blockierte. Ebenso blockieren Furcht, Haß, Ressentiments, Kritik und Verurteilung den Fluß der Lebensenergie in Ihnen und sind somit hauptverantwortlich für alle geläufigen Zivilisationskrankheiten unserer Zeit. Lösen Sie deshalb Ihre selbsterschaffenen inneren Verkrampfungen und Blockaden auf. Vergeben Sie zuerst sich selbst und setzen Sie dann die Menschen frei, mit denen Sie sich gerade im Geiste auseinandersetzen. Der beste Weg, einen Feind loszuwerden, ist es, ihn zu segnen. Der andere, mit dem Sie geistig im Clinch liegen, lebt vielleicht gerade ein sehr fröhliches Leben, während Sie ihn in Ihrem eigenen Bewußtsein als Störfaktor hegen und pflegen. In dem Moment, in dem Sie an einen Menschen wieder ohne Wut und Haß denken können, haben Sie ihn geistig freigesetzt und er spukt auch nicht mehr weiter in Ihrem Kopf herum.

Setzen Sie sich beispielsweise ganz ruhig und entspannt hin und sprechen Sie mit diesem Menschen, der durch Ihren Kopf geistert, wie folgt: »Ich weiß, Du bist ebenso ein Sohn/eine Tochter der unendlichen Intelligenz wie ich auch. Du hast das Recht, Dein Leben so zu gestalten, wie Du es für richtig hältst. Deshalb habe ich ab sofort keine Meinung mehr zu Deinem Verhalten. Ich vergebe mir jetzt für alle Gedanken, die nicht förderlich für uns beide waren und entlasse Dich jetzt aus meinem Geist in dem Wissen, daß Dein Leben stets in göttlicher Ordnung verläuft.«

Wenn Sie so vorgehen, dann werden Sie bereits nach kurzer Zeit spüren, daß nichts mehr in Ihnen gegen jemand anderen rebelliert, dann haben Sie diese Blockade aufgelöst und der Strom des Lebens kann wieder frei fließen. Machen Sie dies mit allen Menschen, die Sie auf dem »Kieker« haben – so lange, bis es niemanden mehr gibt, an dem Sie etwas auszusetzen haben.

Allein einmal dieses Gefühl zu erleben, ist etwas Wunderbares. Es fällt sozusagen der erste Vorhang und Sie ahnen, welche tollen Möglichkeiten hinter den folgenden noch verborgen sein müssen. Es ist die Geburtsstunde Ihres neuen Ichs, das sich Flügel umschnallt und losfliegt, um eine neue, schönere und reichere Welt für Sie zu entdecken.

Sie sind – und das ist eine ganz wichtige Erkenntnis – nicht nur Körper; nein, Sie sind zunächst einmal eine Seele. Ihr Körper ist Ihr Instrument, mit dem Sie sich dreidimensional ausdrücken können, also sozusagen Ihr Werkzeug. Alles ist Energie, Ihr Körper, der Baum, das Tier oder auch ein Stein. Versuchen Sie einmal, den Zeigefinger in einen Baumstamm zu stoßen. Es wird Ihnen kaum gelingen. Nun nehmen Sie einen großen Schleifstein und zermahlen Sie diesen Baumstamm. Was haben

Sie nun? Richtig, einen Haufen Sägemehl. Oder was ist beispielsweise Sand? Sand besteht aus vom Wasser zermahlenen Steinen, Korallen, Muscheln und so weiter. Können Sie Ihre Finger in einen Sandhaufen oder einen Haufen Sägemehl stecken? Natürlich, mühelos sogar, weil sich lediglich die Schwingung der Materie und dadurch die Energie verändert hat gegenüber dem Baumstamm oder dem Stein, nichts anderes ist der Grund.

Sie haben von Anfang an einen geistigen Körper. Ihr jetziger physischer Körper ist lediglich die grobstoffliche Ausgabe davon. Nun verstehen Sie vielleicht eher, daß Sie nach dem Tod mit Ihrer feinstofflichen Seite Ihren Körper verlassen können. Ihr physischer Körper zerfällt und Ihr Name ist nur noch eine Erinnerung. Ihr Gedächtnis verläßt Sie, aber Sie, Sie sind noch da und können sich weiterentwickeln in einem neuen Körper, egal, wie dieser auch immer geartet sein mag; und diesen neuen Körper werden Sie mit der gleichen Energie Ihres ewig lebendigen Unterbewußtseins erschaffen.

Es gibt keinen wirklichen Tod

In der Ausgabe der Zeitschrift »Stern« vom 4. März 1993 lesen wir das folgende Zitat aus der Serie »Die neuen Heiler«: »Die Naturwissenschaft hört solche Erkenntnisse mit Kopfschütteln. Manches daran deckt sich aber mit den neuen Denkansätzen der Physik. Seit der Entdeckung der atomaren Struktur der Materie weiß man, daß zwischen Materie und Energie kein prinzipieller Unterschied besteht. Was eine Rose, fließendes Wasser und eine steinerne Mauer unterscheidet, ist lediglich die Kombination ihrer Moleküle und unsere eigene Wahrnehmung. Die Mauer erscheint uns als fest, obwohl sie aus Atomen besteht, um deren Kern mit rasender Geschwindigkeit Elektronen wirbeln. Unsere Sinne können aber nur einen bestimmten Frequenzbereich wahrnehmen, weswegen uns beispielsweise ein schnell laufender Propeller als Scheibe erscheint. ›Starre‹ Materie ist in Wahrheit ein lebendiges Energiegefüge. Das gleiche gilt für den menschlichen Körper.«

Auf diese Weise haben wir alle schon viele Leben gelebt, und dies ist auch der ewige Lauf der Welt. Der physische Tod gehört genauso zum Leben wie die Geburt. Als mir dies klar wurde, begriff ich auch, warum alles, wirklich alles zuerst ein Gedanke im Geist sein muß, bevor es greifbare Materie werden kann. Denken Sie noch einmal an den Eisbrocken zurück. Zuerst war er als feuchte Luft in der Atmosphäre vorhanden, dann fiel er als Regen zur Erde, bevor er aufgrund der dortigen Temperaturen zu Eis wurde. Danach haben Sie ihn aus einem See herausgebrochen, erhitzt, verdampfen lassen, und bald ist er in die Atmosphäre zurückgekehrt, um eines Tages wieder als Regen auf unsere Erde zurückzufallen.

Mit der Auflösung geht also die Form verloren, nicht aber die Energie, und deshalb ist alles – auch Ihr Leben und Ihr Tod – ein sich ewig wiederholender Kreislauf. Wenn Sie einmal begriffen haben, wie alles ursächlich zusammenhängt, haben Sie ganz bestimmt keine Angst mehr vor der Zukunft, denn dann wissen Sie ganz sicher, daß Ihre Zukunft lediglich Ihre heutige Denkweise, aber »erwachsen geworden«, ist.

Falsche Denkansätze

Wie viele Väter und Mütter haben sich von ihren Kindern losgesagt, nur weil diese beispielsweise andere Interessen bekundeten, als die Eltern es bei der Geburt schon für sie »festlegten«. »Mein Sohn wird einmal meine Firma übernehmen«, brüstete sich der stolze Vater bei der Feier zur Geburt seines Sprößlings. Aber der Filius wollte nicht so, wie die Eltern es planten, und auf diese Weise haben sich schon die größten Tragödien innerhalb einer Familie abgespielt. Oftmals waren Mord oder Selbstmord die Folge solcher zerstörerischer Einbildungen mancher Eltern. Schauen Sie sich, um nur ein Beispiel zu nennen, einmal den Filmklassiker »Giganten« mit James Dean, Elizabeth Taylor und Rock Hudson an. Hier wird anschaulich, welche Folgen entstehen können, wenn die Väter schon bei der Geburt dem Leben und der Entwicklung ihrer Kinder vorgreifen wollen.

Wenn Sie vielleicht selbst ein solcher Vater oder eine solche Mutter sind, die sich aus diesen oder ähnlichen Gründen von ihren Kindern losgesagt hat, dann haben Sie jetzt die beste Gelegenheit zur Wiedergutmachung, indem Sie auf Ihre Tochter oder Ihren Sohn zugehen und sich für Ihr törichtes Verhalten entschuldigen. Man muß lernen, über seinen eigenen Schatten zu springen. Ich kenne auch einen solchen Vater, der schon bei der Geburt seiner Kinder die späteren Berufe verteilte und wild entschlossen war, diese Entscheidung dann auch in strengster Erziehung durchzusetzen. Heute sind alle seine Kinder längst aus dem Hause, aber mit ganz anderen Zielen und Berufen, als sich dies der Vater einmal vorgestellt hatte.

Er ist inzwischen ein launischer und nörgelnder alter Mann geworden, der schon lange keinen Kontakt mehr zu seinen Kindern hat, und der seine ganze Wut und Frustration an seiner Frau ausläßt, die des öfteren bei Freunden ihr Leid klagt. Sie selbst ist eine liebe, fleißige Frau, die sehr unter diesem Tyrannen leidet, und die verheerenden Auswirkungen (beispielsweise körperliche Krankheiten), die dadurch entstehen können, sind bereits absehbar. Sie wissen ja zwischenzeitlich, welche körperlichen Reaktionen aus Wut und Ressentiments resultieren können.

Unterstützen Sie also Ihre Kinder in dem Drang, sich weiterzuentwickeln. Seien Sie aufmerksam, fördern Sie ihre Talente und Fähigkeiten, sprechen Sie mit ihnen und lassen Sie sich von ihnen ihre Wünsche und Träume erzählen. Erzählen Sie Ihren Kindern von der wunderbaren Macht des Unterbewußtseins und wie sich all ihre Wünsche erfüllen können, wenn sie sich in Einklang bringen mit genau dieser herrlichen und wunderbaren Kraft. Lassen Sie Ihre Kinder alles aussprechen, was sie bedrückt und nehmen Sie ihre Pläne und Ziele sehr ernst.

Wenn Sie bei der Erziehung Ihrer Kinder so vorgehen und der Evolution ihren Lauf lassen, dann haben Sie große Chancen, daß Ihre Empfehlungen und Ratschläge von Ihren Sprößlingen erwogen, beachtet und ins Kalkül gezogen werden.

Werden Sie ein Vorbild

Vor Jahren war ich einmal mit einer Frau liiert, die einen elfjährigen Sohn hatte. Wir beschäftigten uns beide viel mit Dr. Murphy und dem positiven Denken und wir besuchten auch einige Wochenendseminare zusammen. So wurde ich mit der Zeit eine Art Ersatzvater für ihren Sohn, und wir beide verstanden uns prächtig. Ich kaufte einige Kinderbücher über positives Denken, und wenn ich abends bei meiner Freundin war, las ich ihrem Sohn vor dem Schlafengehen noch etwas daraus vor.

Auf diese Art und Weise entwickelte sich eine wunderbare Beziehung zwischen ihm und mir. Irgendwann – meine Freundin lebte erst seit kurzem getrennt von ihrem Mann und wollte nicht schon wieder eine feste Bindung eingehen – trennten wir uns und hörten danach einige Zeit nichts mehr voneinander. Seit einigen Jahren haben wir nun wieder Kontakt; der Junge ist inzwischen 22 Jahre alt, und wenn er heute ein Problem hat, dann telefonieren wir beide wieder miteinander. Er weiß, er kann jederzeit mit allem zu mir kommen, und ich glaube, auch in Zukunft wird er sich gerne an diese Option erinnern.

Wenn Sie ein solches Verhältnis zu Ihren Kindern haben, dann sind Sie wirklich mit ihnen »verwandt«, vor allem seelisch sind Sie dann wirklich mit ihnen »verbunden«.

Wenn Sie nun andererseits das »Opfer« einer solchen Unterdrückung seitens Ihrer Eltern sind, dann müssen Sie sehr vorsichtig sein, denn auch umgekehrt kann ein Schuh daraus werden. Wenn Sie Ihre Erzeuger nicht »verknusen« können und ihnen gegenüber Zorngefühle hegen, dann sind Sie selbst auch kein bißchen besser als die von Ihnen Verdammten. Übergeben Sie Ihre Eltern der unendlichen Intelligenz, wünschen Sie ihnen alles Liebe und Gute und entlassen Sie die beiden dann aus Ihren Gedanken; damit tun Sie sich selbst und Ihren Eltern etwas Förderliches.

Er war asthmakrank

Ein junger Mann, der seit Jahren den Kontakt zu seinen Eltern abgebrochen hatte, war asthmakrank. Er lief von Arzt zu Arzt, aber keiner konnte ihm helfen. Eines Abends, als wir wieder einmal in einer großen Runde debattierten, entdeckte ich im Gespräch mit ihm die versteckten Ressentiments gegenüber seinen Eltern, und ich sagte ihm auf den Kopf zu, daß sein Asthma meiner Meinung nach daraus resultiert.

Wenn ein Mensch seit Jahren versucht, eine Krankheit loszuwerden und kaum Besserung erfährt, dann ist er letztendlich für jeden Ratschlag offen, und so fragte er mich, was er denn dagegen tun könne, wenn es wirklich so wäre. Ich gab ihm folgende Bejahung, die er jeweils abends vor dem Schlafengehen und morgens vor dem Aufstehen sprechen sollte: »Ich übergebe meine Eltern jetzt der unendlichen Intelligenz des Universums; sie nimmt sich ihrer an und ich wünsche ihnen alle Segnungen dieser Erde. Ich sehe meine Eltern jetzt glücklich und zufrieden vor mir und mein Herz ist voller Freude, wenn ich an sie denke.«

Immer, wenn ihm ein Gedanke des Zorns – seine Eltern betreffend – in den Sinn käme, sollte er von nun an sagen: »Ich habe euch freigesetzt, ihr seid in Gottes Hand, alles ist in Ordnung!«

Nach vier Monaten traf er seine Eltern durch einen »Zufall« beim Einkaufen in der Stadt, und da sein Bewußtsein nach dieser Zeit der angewandten positiven Arbeit überhaupt keinen Groll mehr hegen konnte, ging er auf die beiden zu – was er zuvor niemals getan hätte – und begrüßte sie. Anschließend ging man gemeinsam Kaffeetrinken. Es wurde »Rotz und Wasser« geheult in diesem Café, erzählte er mir später, und die Leute um uns herum meinten bestimmt, wir drei kämen von einer Beerdigung, dabei haben wir uns nur einmal richtig ausgesprochen, und das wühlte all die Emotionen der Vergangenheit, die bis zu diesem Tag unterdrückt worden waren, auf.

Heute sehen sie sich wieder regelmäßig, aber das beste daran ist, sagte er, daß genau von jenem Tag an sein Asthma wie weggeblasen war und nie mehr zurückkehrte. Die Liebe ist und bleibt nun einmal der größte Heiler auf dieser Welt.

Wenn auch Sie so vorgehen, dann werden Sie ebenfalls sogenannte »Wunder« in Ihrem Leben erfahren, denn wenn Sie nichts Zerstörerisches aussenden, dann kann auch nichts Zerstörerisches auf Sie zukommen – so einfach sind diese anscheinend so komplizierten Gesetzmäßigkeiten.

Der geistige Grippevirus

Oft höre ich, daß – wenn ein Mitglied einer Familie beispielsweise Grippe hat – danach auch alle anderen angesteckt werden. Man beschwört dies geradezu herauf, indem man sich die Angstsuggestion eingibt: »Hoffentlich stecke ich mich nicht an!« oder »Unser Kleines hat die Grippe, nun warten mein Mann und ich, wie lange es dauert, bis wir ebenfalls auf der Nase liegen!«

Diese beiden Aussagen beinhalten, daß man erstens fest mit einer Ansteckung rechnet und zweitens keine Hoffnung mehr hegt, anderweitig davonzukommen.

Von Kindheit an bekam ich zuerst immer Halsschmerzen, dann Schnupfen und kurz darauf Husten. Wenn ich morgens mit Halsschmerzen aufwachte, dann kaufte ich in der Apotheke gleich Schnupfen- und Hustenmittel mit ein, denn ich wollte nicht zwei Tage später nochmals hingehen müssen. Einen klareren Befehl an das Unterbewußtsein, endlich Schnupfen und Husten zu bekommen, konnte ich nicht geben.

Wenn ich heute einmal mit Halsschmerzen aufwache, dann stelle ich mir vor, wie ich um diese Schmerzen eine Art geistigen Zaun baue und sie darin auflöse. Ich bejahe dann meine Gesundheit und vergebe mir für die Ursache, die ich ja irgendwann gesetzt haben muß, sonst täte mir der Hals momentan nicht weh. Danach setze ich sofort eine neue Ursache und betone bewußt, daß es mir von Stunde zu Stunde besser geht, und ich akzeptiere, daß die Halsschmerzen am nächsten Morgen wieder weg sind.

Wie gut das funktioniert, hängt davon ab, ob Sie mehr Vertrauen in Ihre Bejahungen haben – oder mehr Angst, daß das Schicksal seinen Lauf nimmt. Ich habe es mit dieser Methode sehr oft geschafft, am nächsten Tag wieder völlig gesund zu sein; aber ich habe ebenso häufig erlebt, wie man mit sich selbst, mit seinen Zweifeln und Ängsten manchmal kämpfen muß. Auch Sie können damit üben. Sie werden Kraft und Selbstvertrauen gewinnen, wenn es Ihnen gelingt; und wenn nicht, dann versuchen Sie es eben beim nächstenmal wieder und decken sich für dieses Mal nochmals mit Papiertaschentüchern ein. In dem Buch »Heile Deinen Körper« (Louise Hay, Alf Lüchow Verlag) wird zum Beispiel die Ursache fast einer jeden Krankheit aufgeführt, aber auch gleichzeitig eine Empfehlung für ein neues Gedankenmuster zur Genesung gegeben. Dort lesen wir: »Grippe: Reaktion auf Massennegativität und Massenglauben, Furcht, Glaube an Statistiken. Neues Gedankenmuster: Ich werde nicht von Gruppenmeinungen oder von Kalendern beeinflußt. Ich bin frei von allen Stauungen und frei von Grippe.«

Mit diesem Buch können Sie fast jede Krankheit analysieren und Sie bekommen auch gleich das positive Gegenmittel genannt. Sie wissen ja, jede Krankheit ist ein Alarmzeichen, das Ihnen von Ihrer Seele signalisiert wird. Nun denken Sie vielleicht: Warum bekommt dann Herr Kummer überhaupt noch Halsschmerzen? Nun, ich bin Gott sei Dank auch nur ein Mensch mit Fehlern. Glauben Sie bitte nicht, daß ich mein Leben in vollem Umfang im Griff habe. Sicher, ich weiß einiges mehr als der sogenannte Otto Normalverbraucher, aber auch ich lerne täglich dazu, und am meisten tue ich dies aus meinen eigenen Fehlern. Ich bin ein Geschäftsmann, der mitten im Leben steht, der Witze macht und der auch gerne ein paar Gläser Wein oder Bier trinkt und sich in Gesellschaft sehr wohl fühlt. Es ist natürlich wunderbar, wenn man die Dinge analysieren und die Ursachen sowie die Wirkungen erkennen und nachvollziehen kann.

Seien Sie besonders bei solchen Zeitgenossen auf der Hut, die Ihnen gegenüber behaupten, sie wären perfekt und hätten ihr Leben voll im Griff; solche Menschen kann man auf der ganzen Welt an wenigen Fingern abzählen, und sie leben meist in der östlichen Hemisphäre. Das Leben ist viel zu bunt und zu vielfältig, als daß man auf diesem Gebiet eine Perfektion erreichen könnte. Freuen Sie sich über jeden Erfolg, den Sie haben, über jeden Aha-Effekt, und akzeptieren Sie, daß Sie hier auf dieser Welt sind, um zu lernen. Wie langweilig wäre das Leben, wenn wir alle perfekt wären!

Positiv den Tag beginnen

Ein mir bekannter Unternehmer sagte einmal: »Ich bin stolz darauf, nur absolut loyale Mitarbeiter zu beschäftigen. Keiner ist weniger als fünf Jahre bei mir und ich weiß schon bald nicht mehr, wann ich das letzte Mal eine Kündigung vorgelegt bekam!« Im Laufe des Gesprächs sagte er noch: »Ich weiß auch ganz genau, daß es niemals an meinen Mitarbeitern liegen kann, daß dies so ist. Es liegt immer nur an mir selbst!« Warum, wollte ich wissen, und meine sämtlichen Antennen gingen dabei auf Empfang. »Weil ich mich von Anbeginn meiner

Tätigkeit daran gewöhnt habe, jeden Morgen nach dem Rasieren mir und meiner Firma alles Gute und viel Erfolg für den laufenden Tag zu wünschen.« Nun wollte ich es genau wissen, und kurz darauf flüsterte er mir seine spezielle Morgenbejahung zu. Ich mußte innerlich ein bißchen lachen, denn um sie laut auszusprechen, dazu reichte sein Selbstvertrauen anscheinend noch nicht ganz aus. Er begann also zu flüstern: »Ich akzeptiere heute für mich, meine Firma und meine sämtlichen Mitarbeiter nur Erfolgsnachrichten. Meine Geschäfte und Geschäftspartner sind ehrlich, gut und vertrauenswürdig. In meinem Umfeld akzeptiere ich nur ehrliche, loyale Leute. Alle anderen haben keinen Zutritt zu meinem Grundstück beziehungsweise zu meinen Häusern. Und so ist es!«

Mir kam dies alles sehr bekannt vor, deshalb sagte ich ihm auf den Kopf zu, daß er dies aus einem Buch von Dr. Murphy abgeleitet hatte. Nun blühte er vollends auf. Ob ich denn Murphy gelesen hätte, wollte er wissen. Während ich ihm dann meinen eigenen Werdegang erklärte, ahnte ich schon, daß dies eine lange Nacht werden würde. Als wir uns am nächsten Morgen voneinander verabschiedeten, hatten wir fast alle Themen »angerissen«, über die Dr. Murphy jemals geschrieben hat.

Der weise Chinese

Zu einem weisen, alten Mann in China, von dem bekannt war, daß er seherische Fähigkeiten hatte, kamen einmal zwei junge Männer. Beide wollten den alten Mann wenigstens einmal im Leben anführen, und dazu hatten sie sich folgendes ausgedacht: Der eine der beiden wollte ein Vogelküken in seiner rechten Faust verstecken und dem weisen Mann die Frage stellen: »Weiser Mann, in meiner rechten Hand halte ich einen kleinen Vogel; kannst du mir sagen, ob der Vogel lebt oder tot ist?« Sie hatten sich zurechtgelegt, daß, wenn der Alte sagen würde: »Der Vogel lebt«, derjenige, der das Tier in seiner Faust hielt, diese nur unmerklich zusammendrücken sollte, um den Vogel auf diese Art zu töten und den Alten dadurch Lügen zu strafen. Würde er aber sagen: »Der Vogel ist tot«, so bräuchte er nur die Hand zu öffnen und könnte dem Alten das Vogelkind quicklebendig präsentieren. Beide waren der Meinung, daß dabei nichts schiefgehen könnte, denn es gab ihrer Ansicht nach nur zwei Möglichkeiten, zu antworten.

Völlig von der Genialität ihres Planes überzeugt begaben sie sich auf den Weg zu jenem weisen Mann, um ihr Spiel mit ihm zu treiben. Sie wurden auch bald vorgelassen und stellten die vorbereitete Frage, von der sie glaubten, sie könnten ihn damit austricksen. »Weiser Mann, was glaubst du, ist der Vogel in meiner Hand tot oder ist er lebendig?« fragte einer der beiden jungen Männer. Der alte Mann schaute beide sehr lange an, begann zu lächeln und antwortete: »Ich sage dir, mein Freund, ob der Vogel tot oder lebendig ist, das liegt ganz allein in deiner Hand!«

So, nun wird es ernst, auf den drei folgenden Seiten erwarten Sie die nächsten Arbeitsblätter. Viel Spaß dabei!

1. Arbeitsblatt

Wem gab ich bisher die Schuld in meinem Leben?

_____

_____

_____

_____

_____

_____

_____

_____

_____

_____

_____

_____

_____

_____

_____

_____

_____

_____

_____

_____

2. Arbeitsblatt

Folgende Dinge werde ich jetzt verändern:
(bei mehr als drei Dingen separates Blatt verwenden)

1. _____

2. _____

3. _____

Mein tägliches Erfolgsprogramm von 60 Minuten teile ich mir wie folgt ein:

von .... bis .... Minuten

von .... bis .... Minuten

von .... bis .... Minuten

Ich verspreche mir selbst, die von mir festgelegten »Trainingszeiten« konsequent einzuhalten, damit sich neue, bessere und glücklichere Umstände und Erfahrungen in meinem Leben verwirklichen und etablieren können.

3. Arbeitsblatt

Meine neue Zielbejahung lautet:

_____

_____

_____

_____

_____

_____

_____

Meine neue Zielvorstellung lautet:

_____

_____

_____

_____

_____

_____

_____

_____

_____

_____

_____

11. Kapitel

Weitere wichtige Aussagen

>*»Wer glaubt, etwas zu sein, hat aufgehört,*
etwas zu werden.«
>
> PHILIP ROSENTHAL

In der einen oder anderen Form sind wir alle imaginativ, denn Vorstellungen sind die Brut des Wunsches.« (George Elliot)

»Imagination beherrscht die Welt.« (Napoleon)

»Eine Seele ohne Imagination ist wie ein Observatorium ohne Teleskop.« (H. W. Beecher)

»Denken überzeugt, Fühlen festigt die Überzeugung. Wenn Imagination die Fakten mit Flügeln versieht, dann ist Gefühl der große, starke Muskel, der die Flügel betätigt und sie vom Boden hebt. Denken sieht die Schönheit. Emotion fühlt sie.« (Theodor Parker)

»Imagination, die Vorstellung, die schaffende Kraft; allen vertraut, welche die Gabe des Träumens besitzen.« (I. R. Lowel)

»Imagination bewegt alles, sie erschafft Schönheit, Gerechtigkeit und Glück. Das schließt alles in sich ein.« (Blaise Pascal)

»Des Dichters Auge sieht vom Himmel zur Erde und von der Erde zum Himmel. Und wie die Imagination die Form der unbekannten Dinge einkörpert, so formt sie des Dichters Feder und gibt einer eitlen Nichtigkeit Wohnung und Name.« (William Shakespeare)

»Imagination ist mächtiger als Wissen.« (Albert Einstein)

»Denn was der Mensch sät, das wird er auch ernten.«
(Galater 6,7)
»Wer glaubt, etwas zu sein, hat aufgehört, etwas zu werden.« (Philip Rosenthal)
»Die Straße des geringsten Widerstandes ist nur am Anfang asphaltiert.« (Hans Kasper)
»Wir sind nicht nur verantwortlich für das, was wir tun, sondern auch für das, was wir nicht tun.« (Molière)

Arbeiten Sie mit diesen Leitsätzen

Dies sind weitere zwölf Leitsätze, die Sie sich notieren sollten. Sie können sie als Aufkleber für Badezimmer, Spiegel, Auto oder Büro verwenden. Wenn Sie diese profunden Wahrheiten mehrmals täglich lesen, dann prägen sie sich mehr und mehr Ihrem Unterbewußtsein ein und »klingeln« Sie vielleicht gerade dann rechtzeitig wach, wenn Sie sich wieder einmal in Negativitäten zu verstricken drohen. Diese Hilfen sind oft so wertvoll wie Positionslampen im Nebel, kleine, aber wirksame Wegweiser!

Der Aufkleber auf meinem Telefon beispielsweise lautet: »Wer zweifelt, verliert, aber wer glaubt, gewinnt!« Deshalb glaube, denn es ist alles in göttlicher Ordnung.

Wenn früher ein Kunde beispielsweise ein Angebot ablehnte oder sich für das Haus eines Wettbewerbers entschied – was ja vorkommen soll –, dann half es mir, auf den Aufkleber meines Telefons zu sehen, ich begriff sofort wieder, daß es das wohl nicht gewesen sein konnte und daß der nächste potentielle Käufer bereits darauf wartet, zu mir vorgelassen zu werden. Früher habe ich oft nutzlose Zeit damit vergeudet, über Dinge nachzudenken, die mich ständig mit neuen Negativitäten füllten.

Was nützt es denn, über einen Kunden, der abgesagt hat, nachzusinnen und sich womöglich darüber zu ärgern? Haken Sie ihn ab und freuen Sie sich auf den nächsten Auftrag. Hören Sie auf zu zweifeln, fangen Sie an zu glauben. Es ist die Kunst, Dinge, die sind und die nicht verändert werden können, zu akzeptieren. Nicht jeder Interessent ist auch ein Käufer; aber jeder dieser Menschen ist ein Mosaikstein auf Ihrem Weg zum Erfolg. Denken Sie immer daran, Sie sind auf diesem Planeten, um zu lernen und vorwärtszukommen.

Es ist nicht zu fassen

Nun will ich Ihnen zwischendurch eine sehr traurige Geschichte erzählen. Einer meiner früheren Kunden, der sich vor Jahren von mir eine Baufinanzierung erstellen ließ, wurde ein Jahr danach von einem Freund gegenteilig beraten und negativ beeinflußt; darauf kündigte er das von mir und der Bank sorgfältig geschnürte Finanzierungspaket auf. Meine Beratung war bei ihm nicht mehr gefragt und wir lösten deshalb seine Lebensversicherungshypothek auf, um eine Umschuldung auf seine Hausbank vorzunehmen und den angeblich zu teuren Versicherungsschutz durch eine einprozentige Banktilgung zu ersetzen. Seine Frau tat sich besonders dabei hervor, an allen Ecken und Enden zu sparen, und meinen Hinweis, der Hauptverdiener solle doch wenigstens einen Teil der Hypothek durch eine Lebensversicherung abdecken, tat sie mit der Bemerkung ab, ich hausiere doch nur mit der Angst der Menschen und sie würde sich schämen, wenn sie so ihr Geld verdienen müßte.
Da ich es vorziehe, ruhig und sachlich zu bleiben, dies allerdings bei derart unqualifizierten Beschimpfungen

auch für mich recht schwierig ist, schaute ich auf meinen Telefonaufkleber und holte mir durch das Lesen meines Leitspruches ganz schnell die Kraft, die ich brauchte, um nicht aus der Haut zu fahren.

Genau zwei Stunden später rief mich ein anderer Kunde an, den ich gleich darauf zu einem Beratungstermin empfing, und am Ende des Tages hatte ich den Verlust vom Vormittag schon wieder durch einen neuen Auftrag wettgemacht. Ich hätte mich also völlig umsonst aufgeregt.

Zwei Monate später erhielt ich die traurige Nachricht, daß genau jener Kunde, der mir die Finanzierungsvereinbarung gekündigt hatte, einen tödlichen Arbeitsunfall erlitten hatte und seine Frau nun mangels Versicherungsschutz des Verunglückten das gemeinsame Haus verkaufen mußte.

Manchmal geht das Schicksal seltsame Wege, und ich wüßte nur zu gerne, was die Ursache dafür war, daß es zu dieser unheilvollen Kündigung auf Biegen und Brechen kommen mußte. Auf irgendeine Weise müssen die beiden Eheleute unbewußt eine ganz bestimmte Ursache dafür gesetzt haben, daß die Ehefrau heute mit ihren Kindern fast ohne Geld dasteht; aber das Gesetz des Geistes ist eben völlig neutral, es fragt nicht, ob man etwas gut oder schlecht gemeint hat, es führt aus.

Lesen Sie also mehr über das positive Denken und schöpfen Sie daraus neuen Glauben und neues Selbstvertrauen. Erkennen Sie, daß wenn Sie sich mit den Negativitäten Ihres Nachbarn in Gleichklang begeben, Sie bereits den Weg zu irgendeinem Verlust eingeschlagen haben. Fragen Sie sich dann, ob Sie Verluste akzeptieren wollen, und wenn Ihnen diese Frage von Ihrem Verstand verneint wird, so kehren Sie schnellstens um, bevor es zu spät ist. Sie sind bekanntlich der einzige Denker in Ihrer eigenen Welt.

Wie sich Geschwister wiederfanden

Eine ganz interessante Geschichte erzählte mir einmal eine Deutschkanadierin, die während des Fluges nach Toronto neben mir saß und der »Divine Science Bewegung« in Nordamerika angehörte.

Eine Frau aus Halifax in Kanada lag schwer krank und man rief die einzige Tochter an ihr Bett, weil der Arzt signalisiert hatte, daß das Leben dieser Frau bald zu Ende gehen würde. Als die Tochter eintraf, vertraute ihr die Mutter an, daß sie in Wirklichkeit gar kein Einzelkind sei, sondern noch einen Bruder habe. Dieser Junge wurde – da es der Familie in den ersten Jahren nach dem Zweiten Weltkrieg, als sie in der Nähe von Hof in Bayern lebten, sehr schlecht ging – gleich nach der Geburt zur Adoption freigegeben. Der Name der Adoptiveltern war der Mutter genauso unbekannt wie der jetzige Aufenthaltsort des Bruders.

Einige Monate, nachdem man die Mutter zu Grabe getragen hatte, begann die Tochter, die sehr religiös war, in dieser Angelegenheit auf folgende Weise zu beten: »Lieber Gott, Du hast mir vor vielen Jahren einen Bruder geschenkt. Er ist der einzige Verwandte, den ich noch habe, seit Du Mutter zu Dir geholt hast. Bitte, lieber Gott, laß mich wissen, wo mein Bruder sich aufhält, damit ich ihm die Wahrheit über seine Herkunft erzählen kann. Ich weiß, daß Du mir antworten wirst und ich danke Dir von ganzem Herzen dafür!«

Dieses Gebet sprach sie jeden Abend, bevor sie zu Bett ging, und vor dem Einschlafen stellte sie sich regelmäßig vor, wie es sein würde, wenn sie ihrem Bruder eines Tages gegenüberstünde, und sie ließ ganz bewußt das Gefühl der Freude und des Glücks, das sie dabei empfand, auf sich wirken. Sie wußte aus vielen Büchern, die sie über das konstruktive Denken gelesen hatte, daß dies die beste Technik ist, Antworten vom Unterbewußtsein zu erhalten.

Etwa sieben Monate später läutete ihr Bruder an der Haustür und sprach sie mit den folgenden Worten auf deutsch an: »Hallo Schwester, ich bin es, Erich, dein Bruder!« Ich überspringe jetzt der Einfachheit halber die wasserreichen Szenen des Wiedersehens und möchte Ihnen schildern, wie es zu diesem sehr überraschenden und freudigen Zusammentreffen kommen konnte.

Genau zwei Monate nach dem Tod der Mutter verstarb auch die Adoptivmutter des Bruders, und obwohl letztere zuvor, als sie ihr Testament machte, den Notar zu absolutem Stillschweigen verpflichtet hatte, niemanden über die damalige Adoption in Kenntnis zu setzen, änderte sie kurz vor ihrem Tod plötzlich ihre Meinung und erzählte dem Adoptivsohn, wer er wirklich war und woher er kam. Dieser recherchierte seinerseits und erfuhr von den früheren Nachbarn seiner leiblichen Eltern, daß diese kurz nach dem Krieg nach Kanada ausgewandert waren und auch jetzt noch dort lebten. Auch die Adresse seiner Schwester hatten diese Nachbarn, denn sie hatte ihnen erst kürzlich vom Tod der Mutter geschrieben. Dem Brief hatte sie auch ein Bild beigelegt, das sie und ihre Mutter ein Jahr zuvor unter dem Weihnachtsbaum zeigte. Dieses Foto händigte die Nachbarin dem jungen Mann aus, damit er die Schwester in Kanada auch wiedererkennen würde. Somit konnte er zielsicher auf das Haus zugehen und sie wie zuvor geschildert ansprechen. Er blieb eine ganze Woche in Halifax, und als seine Schwester ihn für den Rückflug nach Deutschland zum Flughafen brachte, versprachen sie, sich von nun an öfter zu besuchen.

Das Unterbewußtsein der Schwester dieses Mannes hat die Adoptivmutter gegen alle bisherigen Schwüre dazu gebracht, ihm in letzter Minute die Wahrheit über seine Herkunft mitzuteilen. Das Unterbewußtsein ist nicht von dieser Welt, und deshalb kennt es weder Grenzen noch Dogmen, weder Schwur noch Eid. Es sorgt für den glücklichen Ausgang einer Geschichte, wenn man ihm diesen vorher per innerem Bild genau eingegeben hat, so wie dies jene Kanadierin jeden Abend nach ihrem Gebet tat.

Ein Unfall im Wald

In der Nähe von Avignon in Frankreich hat sich vor etwa zwanzig Jahren folgende Begebenheit zugetragen, die man ohne weiteres als ein Beispiel außersinnlicher Wahrnehmung bezeichnen kann. Ein kleiner Junge namens Jean-Claude spielte im Wald; er wollte sich ein Versteck im Unterholz bauen und suchte zu diesem Zweck Holz zusammen. Um nicht ewig suchen zu müssen, machte er sich an einem großen Holzstoß zu schaffen, in dem die benötigten Pfosten – schon auf die richtige Länge zugeschnitten – gestapelt waren. Plötzlich geriet der ganze Holzstoß ins Rutschen und überrollte den Jungen, der ohnmächtig und fast völlig verborgen unter den Stämmen liegenblieb.

Unterdessen ging seine Mutter zu Hause ihren Pflichten nach. Sie hatte aber ihrem Kind schon in frühester Jugend stets eingeprägt, daß es all seine Wünsche und Sehnsüchte dem lieben Gott vortragen solle, und genau dies tat es jeden Abend in seinem Nachtgebet, bevor es einschlief. Tief in diesem Kind wurde so der unumstößliche Glaube verankert, daß Gott ihm immer und überall aus allen Nöten heraushelfen würde. Sein Unterbewußtsein war von dieser Suggestion gänzlich erfüllt, und nur so konnte das geschehen, was ich Ihnen nun weiter berichten möchte.

Der Junge lag also unter jenem Holzstoß begraben, aber seine Mutter hörte auf einmal seine Stimme laut und deutlich, als würde er im Nebenzimmer spielen. »Mami, Mami, hilf mir bitte, ich liege im Wald und bin verletzt!« Da die Mutter in etwa wußte, wo ihr Kind immer spielte – denn sie hatte ihm eingeschärft, nicht zu weit vom Elternhaus wegzugehen –, rannte sie sofort los und fand ihren bewußtlosen Sohn nach wenigen Minuten unter jenem Holzstoß. Zusammen mit einem Nachbarn, der sie begleitete, räumte sie die Holzstücke beiseite und barg ihr Kind. Im Krankenhaus wurden eine leichte Gehirnerschütterung und mehrere Prellungen festgestellt, und der Sohn mußte einige Tage zur Beobachtung dortbleiben.

Trotz der Bewußtlosigkeit des Kindes war das Unterbewußtsein also weiter tätig gewesen. Es war ja ständig durchtränkt worden von dem Glauben, daß Gott ihm immer helfend zur Seite steht, und deshalb konnte es sich mittels der Stimme – von der man nicht weiß, ob sie die Mutter wirklich bewußt akustisch oder nur innerlich so deutlich wahrgenommen hatte – bei ihr melden und sie veranlassen, Hilfe herbeizuholen.

Bitten auch Sie täglich um Schutz

Dies alles ist überhaupt nicht mysteriös. Im Gegenteil, so schützt uns unser Unterbewußtsein immer, wenn wir es bewußt und wiederholt damit beauftragen. Wer sich aber vom Leben nur treiben läßt und ausschließlich auf sein Wachbewußtsein baut, der wird solche Erlebnisse niemals haben.

Nur wenige Minuten am Tag reichen aus, um ständig mit dem Unterbewußtsein in Kontakt zu bleiben und ihm Glücks-, Gesundheits-, Reichtums- und Erfolgsgedanken mittels Worten und Bildern einzugeben. Wer sein Unterbewußtsein täglich mit Gedanken des Schutzes und der Unversehrtheit durchtränkt, der wird niemals einem Unfall zum Opfer fallen oder ernstlich krank werden können – vorausgesetzt, er lebt auch danach und vergiftet seine innere Kraft nicht mit anderen Dingen wie Lug, Betrug, Haß, Ressentiments und sonstigen Negativitäten.

Erinnern Sie sich bitte: Das Unterbewußtsein setzt immer nur die dominierenden Gedanken um. Wenn ich dominant an etwas Bestimmtes denke, dann habe ich es eigentlich schon erschaffen, und ich muß nur noch der Zeit ihren Lauf lassen, bis dieser Gedanke oder diese Idee sich verwirklicht, materialisiert, manifestiert. Lehren Sie Ihren Kindern, daß sie Gott oder – wenn Sie mit dieser Bezeichnung Probleme haben – das Unterbewußtsein jeden Abend beauftragen sollen, sie zu beschützen und sie in Gesundheit einzuhüllen. Dies ist der sicherste Weg, daß Ihre Kinder gesund und behütet aufwachsen, denn was der Mensch denkt, das ist er.

Die Stimme der Schwester

Ein weiteres Beispiel von ASW (außersinnliche Wahrnehmung) ist das Folgende, das aus Dr. Murphys reichem Erfahrungsschatz stammt. Ein Jeep fuhr, mit vier amerikanischen Soldaten besetzt, auf Patrouille in Vietnam. Da hörte der Kommandant des Trupps mitten auf einem Dschungelpfad laut und vernehmlich die Stimme seiner Schwester, die eindringlich und sehr deutlich rief: »Stopp, stopp, stopp!« Etwas erstaunt ließ er daraufhin sofort den Jeep anhalten und fragte die drei anderen Soldaten, ob auch sie Rufe gehört hätten. Irritiert verneinten diese seine Frage und überlegten schon, ob ihr Major wohl etwas »an der Waffel« hätte.

Die Worte, die der Vorgesetzte vernommen hatte, waren aber so eindringlich gewesen, daß er sofort den Befehl gab, die Umgebung des Jeeps abzusuchen, und dabei fanden seine drei Untergebenen knapp einen Meter vor dem linken Vorderrad des Wagens eine Tellermine. Wären sie nur dieses kleine Stück weitergefahren, so hätten sie zum Abendessen bereits »Manna« serviert bekommen.

Nun wurden die Soldaten neugierig und fragten den Kommandeur, worauf er die Stimme und die Warnung seiner Schwester denn zurückführe. Er erzählte seinen Kameraden dasselbe, das er später auch Dr. Murphy berichtete. Seine Schwester war in einem Nonnenkonvent in den USA, und sie hatte ihm, als er nach Vietnam eingezogen wurde, versprochen, jeden Tag für seine Gesundheit und seine Unversehrtheit zu beten. Und was ist ein Gebet anderes als eine Bejahung? Im Gebet wie auch in der Bejahung dankt man für etwas, was schon war, oder erbittet, was noch nicht ist. Die Schwester bejahte, daß Gott immer die Wege ihres Bruders behüten werde, und dies tat sie an jedem Tag mehrmals bei ihren Andachten. Deshalb kam die Warnung genau zum richtigen Zeitpunkt, und der Bruder hörte diese Warnung in Form der Stimme seiner Schwester, denn sein Unterbewußtsein wußte, daß er darauf hören und reagieren würde.

Eine häßliche Stechwarze

Als ich vor zwei Jahren meinem Arzt eröffnete, daß ich überhaupt nicht daran dächte, die Stechwarze an meinem kleinen rechten Zeh operieren zu lassen, sondern die Absicht habe, diese in wenigen Wochen mit geistiger Arbeit aufzulösen, da lachte er mich aus und meinte: »Wenn Ihre Zauberformel nicht hilft, dürfen Sie sich wieder vertrauensvoll an mich wenden.« Als ich nach vier Wochen neuerlich bei ihm erschien und meine Socke vom rechten Fuß zog, war er einigermaßen baff und wir führten ein ziemlich langes Gespräch miteinander. Ich habe, als ich die Praxis wieder verließ, zwar einen verdutzten, aber hoffentlich auch nachdenklichen Chirurgen zurückgelassen.

Wie sagte doch Friedrich Schiller ganz richtig: »Es ist der Geist, der sich den Körper baut.«

In diesem Sinne können Sie sich nun gleich auf die folgenden drei Arbeitsblätter stürzen.

1. Arbeitsblatt

Meine Wünsche an das Leben sind:

_____

_____

_____

_____

_____

_____

_____

_____

_____

_____

_____

_____

_____

_____

_____

_____

_____

_____

_____

_____

_____

2. Arbeitsblatt

Folgende Dinge werde ich jetzt verändern:
(bei mehr als drei Dingen separates Blatt verwenden)

1. _____

2. _____

3. _____

Mein tägliches Erfolgsprogramm von 60 Minuten teile ich mir wie folgt ein:

von .... bis .... Minuten

von .... bis .... Minuten

von .... bis .... Minuten

Ich verspreche mir selbst, die von mir festgelegten »Trainingszeiten« konsequent einzuhalten, damit sich neue, bessere und glücklichere Umstände und Erfahrungen in meinem Leben verwirklichen und etablieren können.

3. Arbeitsblatt

Meine neue Zielbejahung lautet:

_____

_____

_____

_____

_____

_____

_____

Meine neue Zielvorstellung lautet:

_____

_____

_____

_____

_____

_____

_____

_____

_____

_____

12. Kapitel

Der Geist lenkt den Körper

*»Es ist unglaublich, wieviel Kraft die
Seele dem Körper zu verleihen vermag.«*

WILHELM VON HUMBOLDT

Um einmal sehr anschaulich zu erleben, wie Gedanken sich direkt auf den Körper auswirken, können Sie selbst folgende Übung machen: Legen Sie sich flach auf den Rücken und sorgen Sie dafür, daß Sie etwa 15 Minuten lang ungestört sind. Nun konzentrieren Sie sich mit geschlossenen Augen auf Ihren rechten Arm, der ebenso wie der linke flach ausgestreckt neben Ihrem Körper liegen sollte. Sagen Sie dabei innerlich oder sprechen Sie es laut aus: »Mein rechter Arm hebt sich. Mein rechter Arm hebt sich. Mein rechter Arm ...«, und stellen Sie sich im Geiste auch bildlich vor, wie er sich dabei hebt. Wiederholen Sie diese Worte so lange, bis sich der Arm etwa dreißig Zentimeter von der Unterlage abgehoben hat (der Ellbogen liegt noch auf) und beginnen Sie dann mit der Gegensuggestion: »Mein rechter Arm senkt sich. Mein rechter Arm senkt sich. Mein rechter Arm ...«, so lange, bis Ihr Arm wieder in Ausgangsstellung auf der Unterlage liegt.

Sie werden sowohl beim Heben als auch beim Senken ganz leichte ruckartige Bewegungen wahrnehmen, aber Sie selbst brauchen mechanisch absolut nichts zu tun. Beide Vorgänge werden, wie Sie selbst feststellen können, nur durch Ihren Geist gesteuert. Denken Sie beispielsweise an die Sexualität und daran, welche körperlichen Reaktionen hierbei auf die entsprechenden Bilder und Vorstellungen erfolgen. Jeder Mann und jede Frau kann sich deshalb auch geistig ohne weiteres einen Orgasmus herbeidenken. Ebenso funktioniert es, wenn Sie Gesundheit, Glück und Erfolg bebildern und imaginieren. Es sind immer nur die gesetzten Ursachen, die Wirkung hervorrufen können. Wenn beispielsweise Ihr Hund gerade gestorben ist, werden Sie im Normalfall keinerlei Lust verspüren, mit Ihrem Partner zu schlafen, weil das Bild in Ihnen dominant von Trauer geprägt ist und nicht von Lust.

Angst ist die Handelsware Nummer eins

Wenn Sie sich selbst einmal ganz bewußt beobachten, dann werden Sie sehr viele Dinge entdecken, die Ihnen immer mehr den Glauben an die geistigen Gesetze und an die Macht des Unterbewußtseins verleihen. Ich sage bewußt verleihen und nicht geben, weil man sich das einmal Erworbene immer neu verdienen muß, indem man durch geistige Vorstellungen das Positive ständig abgrenzen muß von dem ewig negativen Massenbewußtsein unserer Umwelt. Angst und alle damit verbundenen Folgereaktionen wie Krankheit, Krieg, Unfälle und ähnliches sind die Handelsware Nummer eins in der ganzen Welt. Mit der Angst wird das meiste Geld verdient. Neben dem natürlichen Alterungsprozeß, der ursprünglich gar nichts mit Gesundheitsverlust zu tun hat, ist es die Angst, die wir Menschen im Laufe unseres Lebens in uns hineinfressen, die den Körper mehr und mehr schwächt und so ab dem dreißigsten oder vierzigsten Lebensjahr alle möglichen leichteren oder schwereren

Krankheiten auslöst. Irgendwann ist der Krug voll, und dann kommt ebenjener berühmte Tropfen, der ihn letzten Endes zum Überlaufen bringt. Gerade weil wir so verdammt körperorientiert sind und die körperlich-geistigen Zusammenhänge viel zu wenig kennen, ist uns dies alles überhaupt nicht bewußt.

Je älter wir werden, desto mehr geistigen Müll schleppen wir mit uns, und genau dieser seelische Schmutz ist es, der mehr und mehr unsere Gesundheit gefährdet, weil Gedanken, die sich mit Disharmonie beschäftigen, niemals die Harmonie im Körper festigen können – genausowenig wie tagelange Regenfälle nicht die Ursache für vertrocknete Felder sein können. Womit werden Sie aber von morgens, wenn Sie aufstehen, bis abends, wenn Sie ins Bett gehen, konfrontiert? Egal, ob Sie Radio hören, fernsehen, Zeitungen oder Zeitschriften lesen, ob Sie mit Kollegen diskutieren oder über die Zukunft nachdenken, es geht zu mehr als fünfzig Prozent doch immer um Ängste, ausgelöst durch Kriege, Morde, Entführungen, Pleiten, Hungersnöte, Streiks, Arbeitslosigkeit und Krankheiten aller Art, um nur einige der wichtigsten zu nennen. Jeder dieser bewußten oder unbewußten Angstgedanken ist aber ein disharmonischer Tropfen, der in Ihren Lebensbecher fällt. Und danach, wie gut Sie dagegenhalten können und ihn durch harmonische Gedanken gleich wieder auftrocknen, wird sich Ihre Lebenszeit hier auf Erden richten.

Die Natur ist stets harmonisch

Denken Sie jetzt wieder einmal an die Natur, und es wird Ihnen auffallen, daß in ihr absolut nichts Disharmonisches zu finden ist, außer dort, wo der Mensch in sie eingreift. Steuern Sie deshalb, so oft Sie können, mit so viel Harmoniegedanken wie nur möglich dagegen und geben Sie sich selbst dadurch die Chance, lange und nachhaltig in einem gesunden Körper zu leben. Beginnen Sie bei Ihren Kindern bereits in der Erziehung damit; es ist ein absoluter Schwachsinn, einem Kind mit dem »schwarzen Mann« zu drohen, der es abholt, wenn es beispielsweise nicht schlafen und nicht essen will. Genauso dumm ist es, einem Kind, das schwach in der Schule ist, immer wieder eine düstere Zukunft vorauszusagen.

Was Subliminals bei Kindern bewirken können

Einer meiner Mitarbeiterinnen, deren Sohn große Schwierigkeiten beim Lesen und Schreiben hatte, empfahl ich, sie solle sich eine Subliminalcassette besorgen mit der unterlegten Suggestion »Konzentration«. Bei diesen Cassetten hört man lediglich eine schöne und beruhigende Musik, aber nicht den Suggestionstext, der darunter liegt. Dieser ist auf einer Frequenz angesiedelt, die zwar das menschliche Ohr nicht wahrnimmt, das Unterbewußtsein aber um so mehr, weil diese Suggestion, ohne vom Bewußtsein beurteilt, direkt ins Unterbewußtsein dringen kann und deshalb x-fach wirkungsvoller ist als bewußt hörbare Suggestionen.

Hier nun als Beispiel ein solcher, für das physische Ohr nicht hörbare Text dieser angesprochenen Konzentrationscassette:

»Ich denke klar. Meine Gedanken sind klar. Meine Gedanken sind klug. Ich kann meine Aufmerksamkeit bündeln. Ich kann es ganz leicht tun. Ich behalte Zusammenhänge. Ich integriere das Gelernte sinnvoll. Konzentration ist gebündelte Aufmerksamkeit. Ich tue es ohne Anstrengung. Ich handle natürlich. Konzentration macht Spaß. Lernen macht Spaß. Konzentration ist natürlich. Ich bin aufmerksam. Ich konzentriere mich. Ich bin gut. Ich erinnere mich. Ein gutes Gedächtnis ist natürlich. Es ist leicht, sich zu erinnern. Meine Gedanken sind konzentriert. Mein Denken ist systematisch. Ich bin entspannt. Konzentration ist leicht. Ich atme tief. Ich kann mich gut konzentrieren. Ich kann es. Ich tue es jetzt.«

Besagte Kollegin begann also damit, diese Cassette ständig abzuspielen, wenn ihr Sohn zu Hause war, und so wurde das Unterbewußtsein des Kindes Tag für Tag ständig mit diesen aufbauenden Suggestionen unterstützt mit dem Ergebnis, daß sich die schulischen Leistungen nicht nur beim Lesen und Schreiben, sondern auch in allen anderen Fächern gewaltig steigerten. Dies führte sogar so weit, daß die Klassenlehrerin des Kindes die Mutter eines Tages zu sich bestellte, um nachzufragen, wie die Eltern es denn angestellt hätten, daß ihr Sohn zu solchen Leistungssteigerungen fähig sei.

Wie funktionieren Subliminals eigentlich?

Nachfolgend finden Sie einen Auszug aus der Broschüre »Das positive Selbsthilfeprogramm« (Edition Kraftpunkt, Augsburg), in dem die Whole-Brain-Subliminal-Technik genau erklärt wird:
Die Whole-Brain-Subliminal-Technik:

»Unterschwellige Wahrnehmung ist natürlich. Die Subliminal-Technik ist eine der stärksten zur Zeit bekannten

Methoden, um so ganz ›nebenbei‹ Ziele zu erreichen. Sie kann im Unterbewußtsein vorhandene Programme buchstäblich neu gestalten, indem negative Erwartungshaltungen und Selbstzweifel gelöscht und die destruktiven Muster durch positiven Input ersetzt werden. Dadurch lassen sich ohne Anstrengung Erfolge erzielen, auf eine ganz natürliche Art, von innen nach außen. Wichtig hierbei ist lediglich die stete Wiederholung.

Die Subliminal-Technik ist nichts Geheimnisvolles.

Subliminals, als eine unbewußte Information im Rahmen auraler Wahrnehmung, könnte man als ›verbale Stimulation unterhalb der Schwelle bewußter Wahrnehmbarkeit‹ definieren, wobei das Schlüsselwort hier ›Wahrnehmung‹ ist. Ein Flüstern, zwei Straßen weiter, liegt ebenso unter dieser Schwelle, wird aber nicht wahrgenommen. Damit eine Wahrnehmung stattfinden kann, muß im Gehirn eine Neuronenaktivität ausgelöst werden. Stellen Sie sich der Einfachheit halber vor, sie wären eine verbale Subliminal-Nachricht, die unter den Wellen von Musik und Naturgeräuschen dahingleitet wie ein U-Boot unter der Wasserfläche. Auf der Reise ins Gehirn werden die Klangwellen vom Ohr aufgenommen und gelangen in den Gehörgang. Von dort werden sie auf das Trommelfell beziehungsweise ins Mittelohr übertragen, und von hier gelangen sie mittels Druckwellen und drei winzigen Knochen ins Innenohr. Hier befinden sich die Schnecken und spezielle Wickelstrukturen, die mit sensorischen Zellen ausgestattet sind, welche den Klangreiz aufnehmen und die entstehenden Impulse an das Gehirn weiterleiten. Diese Impulse schließlich aktivieren die Neuronen. Millionen dieser Neuronen befördern Informationseinheiten durch die Synapsen und werben gleichzeitig um Beachtung durch das bewußte Denken.

Neuronen sind nie neutral. Sie sind entweder ›an‹ oder ›aus‹. Deshalb ist sowohl die Bewußtheitsgrenze als auch der Level der Wahrnehmung letztlich eine Neuronenaktivität. Ohne Neuronenaktivität existiert keine Wahrnehmung.

Es ist bekannt, daß sich das menschliche Gehirn in zwei Hälften teilt, in die rechte und die linke Gehirnhemisphäre. Der linken Gehirnhemisphäre obliegt das analytische, rationelle Denken, während die rechte für die räumliche, ganzheitliche Sicht verantwortlich ist. Die linke Hälfte ist zuständig für Mathematik und Sprache und arbeitet seriell (Schritt für Schritt), während die rechte das Zentrum der Kreativität und der Gefühle ist und parallel arbeitet (ganzheitlich). Die linke Hemisphäre ist Sitz der Logis und der Begründung, die mit rationellen Mustern und Abwehrmechanismen umgeben ist. Hier setzt Dr. Eldon Taylor seine Whole-Brain-Technik an. Er hat eine Methode gefunden, mit seinen unterschwelligen Nachrichten beide Gehirnhälften anzusprechen. Forschungen haben ergeben, daß sich die linke Hemisphäre für die Richtigkeit und Genauigkeit der Information interessiert, während die rechte frei assoziiert. Die linke Gehirnhälfte, so nehmen Wissenschaftler an, versteht die Sprache Buchstabe für Buchstabe, gemäß den Sprachregeln, während die rechte bildhaft, gefühlsmäßig im gesamten aufnimmt. Die Wörter der rechten Gehirnhälfte werden in einem Verfahren, das man ›unbewußte Reflexion‹ nennt, umgedreht und folglich genauso wahrgenommen, wie das Auge die Welt wahrnimmt – nämlich auf dem Kopf stehend.

Nach jahrelanger, intensiver Forschungs- und Entwicklungsarbeit hat Dr. Eldon Taylor einen völlig neuartigen Subliminal-Prozessor entwickelt, der die bisher unberücksichtigten Aspekte der Gehirnforschung integriert.

Auf einem Kanal, mit Zugang zur linken Gehirnhälfte, befinden sich langsam und bedeutungsvoll gesprochene, erlaubende Affirmationen, die kanonartig gesprochen werden. Der andere Kanal liefert rückwärts aufgenommene Anweisungen mit denselben Stimmen, die beim Abspielen gleichzeitig unterschwellig wahrgenommen werden. Das Verfahren bezieht somit beide Gehirnhemisphären, entsprechend ihrer Funktion, mit ein.

Einfache Versuche haben ergeben, daß man sich an kanonartige Musikstücke wie zum Beispiel ›Bruder Jakob‹ leichter erinnert als an normale Lieder, selbst wenn man diese Lieder wesentlich öfter angehört hat. Die Affirmationen auf unseren Cassetten sind mit einem speziellen Echo- und Hallverfahren kanonartig aufgenommen, so daß auf einer 20-Minuten-Cassette über 2000 Suggestionen in normaler Sprechgeschwindigkeit aufmoduliert sind.

Sämtliche Suggestionen sind auf einen Grundinformationsträger aufmoduliert. Bei unserem E. F. Freitag Selbsthilfe-Programm sind dies Naturgeräusche wie Vogelstimmen oder Meeresrauschen.«

EDITION ● KRAFTPUNKT ®

Wie funktioniert diese revolutionäre Methode?

━ Musikpegel ▬▬ Affirmationen ●●● Naturgeräusche

»Dr. Taylor hat ein Verfahren entwickelt, das die Affirmationen immer dem Grundinformationsträger anpaßt, so daß das Unterbewußtsein die Nachrichten immer gleich gut wahrnimmt. Sie werden keine gesprochenen Worte hören, genauso wie Sie beispielsweise nicht verstehen können, was in einem an Ihnen vorbeifahrenden Auto gesprochen wird oder in einer belebten Straße neben einer Baustelle.

Die Affirmationen, eingebettet in Musik, gelangen so über das Ohr in das Gehirn, wo sie von elektrischen Impulsen in sinnvolle Nachrichteneinheiten umgewandelt werden. Dem Bewußtsein fehlt die Fähigkeit, die Sprache von der Musik zu trennen, während das Unterbewußtsein mit seinem riesigen Reservoir an Wissen und Fähigkeiten ganz leicht die gesprochenen Nachrichten in Geräuschen erkennt.

Es bedarf keines Kopfhörers. Sollten Sie jedoch damit arbeiten, so ist dies für den Erfolg gut, aber nicht entscheidend. Wichtig ist einzig und allein die regelmäßige Anwendung.

Hören Sie die Programme, wenn möglich, mit einem Auto-Reverse-Recorder täglich eine Stunde (Unterbrechungen machen nichts aus), mindestens dreißig Tage lang. Nutzen Sie die Zeit neben Routinearbeiten, Sie können ›ganz nebenbei‹ ohne Anstrengung ein neues Lebensgefühl programmieren.

Wichtig!

Denken Sie daran, allein der Erfolg ist entscheidend; dafür benötigen Sie Ausdauer. Wenn Sie nur wenige Male die Cassette anhören und dann aufgeben, kann sich nichts ändern.

Mit der Whole-Brain-Methode haben Sie ein wunderbares Mittel in der Hand, sich auf natürlichem Weg zu entwickeln – von innen nach außen. *Lesen Sie*

täglich mindestens einmal auf der mitgesandten Sugge-
stions-Karte Ihre Affirmationen nach, so daß Sie sich mit
jedem Wort identifizieren. Freuen Sie sich dabei in dem
Bewußtsein, daß Sie Ihrem Ziel von Tag zu Tag näher-
rücken.

Hören Sie die Subliminals bei längerer Anwendung nicht
in Anwesenheit anderer Personen, außer diese wünschen es.

Arbeiten Sie auch mit der Entspannungs-Technik und
lassen Sie sich von der angenehmen, wohlklingen-
den Stimme Peter Kummers, dem bekannten Autor,
und seiner Mentaltrainerin und Psychotherapeutin
Monika Junghanns in die Entspannung führen. *Tun Sie
dies aber nur im entspannten Zustand.* In keinem Falle
sollten Sie die Entspannungstechnik (Entspannungs-
Technik) der Cassette 1 während des Autofahrens oder
anderen Aktivitäten, die Ihre Konzentration erfordern,
hören.«

Inzwischen sind folgende Subliminals von Peter Kummer
und Monika Junghanns bei Edition Kraftpunkt, Steinerne
Furt 78, 86167 Augsburg, erschienen:

– »Vom finanziellen Mangel zum finanziellen Wohl-
stand«
– »Von der Lebensangst zum Urvertrauen«
– »Vom Beruf zur Berufung«
– »Von der Abhängigkeit zur Unabhängigkeit. (Einsam-
keit, nach Trennung in der Partnerschaft oder Ehe)«

Alle vier Titel enthalten auf der Seite A geführte Meditationen der herkömmlichen Art und auf der Seite B Affirmationen nach der Subliminaltechnik Dr. Taylors.

Empfehlenswert sind auch die folgenden Titel von Erhard
F. Freitag:

- »Wohlstand«
- »Erfolg«
- »Angstfrei leben«
- »Nicht rauchen«
- »Frei von Nervosität«
- »Konzentration«
- »Bewußt leben«
- »Entspannung«
- »Selbstheilung«
- »Glücklich sein«
- »Selbsterkenntnis«
- »Selbstbewußtsein«
- »Frei von Schuldgefühlen«
- »Schlank sein«

Wer braucht was?

Wenn Sie beispielsweise Geschäftsmann sind, dann hören Sie sich während Ihrer Autofahrten die Cassette »Erfolg« an. Wenn Sie schüchtern sind und Angst haben, unter Menschen zu gehen, beispielsweise die Cassette »Selbstbewußtsein«. Wenn Sie gesundheitliche Probleme haben, die Cassette »Selbstheilung«, und so weiter.

Es gibt inzwischen für fast alle Lebenslagen Cassetten mit positiven Gegensuggestionen. Wichtig dabei ist, daß Sie auch geistig vom Gegenteil, also vom Problem, abrücken und in Ihrer Vorstellung schon die künftige Ist-Situation, die Ihre Cassette beschreibt, geistig bebildern. Wenn Sie so vorgehen, dann lösen Sie viele oft langjährige Probleme meist sehr schnell wieder auf, aber auch dabei gilt wie bei allem im Leben die Faustregel: Alles was wächst braucht seine Zeit, deshalb übe Dich in Geduld.

Er starb aus Wut

Ein Mann, der ständig mit seiner Bank im Clinch lag, weil es seiner Meinung nach viel zu lange dauerte, bis Schecks seinem Konto gutgeschrieben wurden, steigerte sich so sehr in seine Wut und seinen Zorn hinein, daß er jedesmal hochrot im Gesicht wurde, wenn er seine Kontoauszüge zugeschickt bekam. Eines Tages schrie und tobte er deshalb so lange am Telefon herum, bis ihm schlecht wurde und er zwei Stunden danach an seinem zweiten Herzinfarkt starb.

Als ich mich nach ein paar Wochen mit seiner Witwe unterhielt, war diese völlig überzeugt von der These, daß lediglich eine falsche Ernährung schuld am Tod ihres Mannes gewesen sei. Dem Telefonat mit der Bank und den vorausgegangenen, jahrelangen Wutanfällen, weil er einige Pfennige an Zinsen verlor, maß sie keinerlei Bedeutung bei.

Wenn Sie mit einer Axt eine Kerbe in einen Baum schlagen und diese täglich mit zwei weiteren Schlägen vertiefen, dann können Sie nach einigen Wochen nicht dem berühmten »Zufall« die Schuld geben, wenn der Baum umfällt, oder? Sie, und nur Sie allein sind der einzige Denker in Ihrer Welt, und Sie sind das Spiegelbild Ihrer eigenen geistigen Überzeugung von sich selbst. Wenn Sie das einmal begriffen haben und vor allem, wenn Sie auch endlich bereit sind, danach zu handeln, dann haben Sie schon so gut wie gewonnen.

Natürlich sollte man sich auch gesund und verantwortungsvoll ernähren, aber wir müssen schnellstens aufhören, darin das allein Seligmachende zu sehen und statt dessen mehr und mehr von unserer totalen Körperorientiertheit und Körperverhaftung wegkommen. Nur so lernen wir ewig gültige geistig-körperliche Zusammenhänge kennen und auch besser mit ihnen umzugehen.

Eine junge Dame fragte mich einmal, ob sie ihren Fernsehapparat verkaufen solle, damit sie nicht mit all diesen Negativitäten, die darin verbreitet werden, infiziert würde. Ich verneinte diese Frage und erklärte ihr dazu, daß man auch keinen Kirschbaum fällen würde, nur weil zwanzig faule Früchte daran hängen. Jeder Fernsehapparat hat einen Knopf zum Ausschalten und mehrere Kanäle zum Umschalten, und jeder, der davorsitzt, hat die Freiheit, das Programm zu sehen, das er möchte. Ich verzichte doch nicht auf meinen Sport und all die anderen schönen Sendungen, die mich interessieren, nur weil ich mich ansonsten nicht negativ beeinflussen lassen will. Also, man sollte die Kirche im Dorf lassen und nicht mit Kanonen auf Spatzen schießen. Wir leben nun einmal in der heutigen Welt, und darüber dürfen wir uns auch freuen; nur sollten wir sehr genau auswählen, wem und was wir unsere Aufmerksamkeit schenken wollen.

Eifersucht verjagte den Schnupfen

Vor wenigen Jahren lernte ich in Bangkok während eines Ausfluges ein Paar aus der Nähe von Frankfurt kennen. Wir besuchten gemeinsam mit einer großen Reisegruppe die berühmte Brücke am Kwai, und fuhren u. a. auch ein Stück mit der Eisenbahn, die einst von Bangkok nach Rangun in Burma führte. Diese Strecke wurde unter den menschenunwürdigsten Bedingungen während des Zweiten Weltkrieges gebaut, so wie dies auch in dem Film »Die Brücke am Kwai« geschildert wird. Die dort gezeigte Filmbrücke hat allerdings mit der echten Brücke am Kwai überhaupt nichts gemein.

Kurz vor unserer Rückfahrt nach Bangkok feierte der

»harte Kern« der Gruppe noch Abschied auf einem Hausboot am Kwai, und weil es sehr lustig war, dauerte das Fest bis in die frühen Morgenstunden. Angelika, so hieß die weibliche Hälfte meiner beiden Freunde, fing sich im Laufe dieser Nacht einen heftigen Schnupfen ein und fühlte sich am nächsten Tag sterbenskrank. Während der Rückfahrt nach Bangkok beratschlagten wir, ob wir den Tagesausflug zu den »Floating Markets« am übernächsten Tag absagen sollten, eben weil es Angelika so schlechtging. In meiner – oft etwas zu lockeren – Art schlug ich ihrem Freund deshalb laut und für sie gut vernehmlich vor, daß, wenn wir übermorgen nicht so früh aufstehen müßten, weil der Ausflug Angelikas Schnupfen geopfert werden müsse, wir uns am folgenden Abend, nachdem wir Angelika im Hotelbett abgeliefert hätten, doch einmal das Rotlichtviertel von Bangkok, die Patpong-Road, ansehen könnten. Ich hatte diesen Trick bewußt gewählt, denn ich wußte genau, daß Angelika alles tun würde, um ihren Freund nicht mit mir in die »Straße des Lasters« ziehen zu lassen. So kam es auch; keine zwölf Stunden später war Angelika wieder kerngesund, und der Ausflug zu den Floating Markets konnte wie geplant stattfinden.

Hierzu paßt eines meiner Lieblingszitate aus dem eingangs erwähnten Buch, das mir meine Frau schenkte: *»Als Veitin sterbend lag, sprach Veit anstatt von Leide von einer zweiten Eh' und sie genas vor Neide.«* (Friedrich Haug)

Angelika wußte ganz genau, daß sie unseren Ausflug in die Patpong-Road nur durch eine sehr schnelle Genesung verhindern konnte, ohne ihr Gesicht zu verlieren, und genau das war der tiefere Grund dafür, daß sie ihren Schnupfen in Windeseile besiegte.

Mombasa statt Peking

Für den Sommer 1992 planten meine Frau und ich eine China-Rundreise und buchten diese rechtzeitig in unserem Reisebüro, damit uns dieser Urlaub auch sicher war, denn wenn meine Frau ihren Sommerurlaub mit ihren Kolleginnen abgestimmt und festgelegt hatte, dann konnte er nicht mehr verschoben werden.

In den Jahren davor entschieden wir uns meist kurzfristig für eine Flugreise innerhalb Europas, und wenn diese nicht mehr möglich war, so setzten wir uns einfach ins Auto und fuhren Richtung Süden.

Wir deckten uns also mit Urlaubslektüre über China ein und freuten uns auf die geplante Rundreise, obwohl wir wußten, daß sie bestimmt sehr anstrengend werden würde. Im Frühjahr 1992 las meine Frau dann ein Buch über Kenia, und sie meinte, daß wir dieses Ziel doch auch einmal ins Auge fassen sollten; viele unserer Bekannten meinten ebenfalls, daß wir dieses Land kennenlernen müßten, zumal ich als passionierter Taucher dort besonders viel Spaß haben würde. Irgendwann begannen wir darüber zu reden, in welchem Jahr wir diesen Trip nach Kenia einplanen sollten und einigten uns dann auf den kommenden Weihnachtsurlaub.

Etwa acht Wochen vor dem geplanten Abflug nach China erschien meine Frau in einem Safari-Look-Kostüm und wir amüsierten uns köstlich darüber, was die Chinesen sich wohl denken würden, wenn sie in diesem Outfit durch Peking liefe.

Vier Wochen vor unserer Abreise reichten wir unsere Visa-Anträge ein, und als ich deshalb ins Reisebüro ging, erhielt ich dort die überraschende Nachricht, daß der Reiseveranstalter der China-Reise vor zwei Tagen Konkurs angemeldet habe und alle Buchungen rückgängig gemacht werden müßten.

Nun standen wir also da: Meine Frau konnte ihren Urlaub nicht mehr verschieben, und zum selben Termin noch etwas Adäquates zu bekommen, war nicht möglich, weil alle Veranstalter, die ebenfalls zu diesem Zeitpunkt eine China-Rundreise im Programm hatten, entweder ausgebucht waren oder diese Rundreisen wegen zu geringer Beteiligung abgesagt hatten. Ich beauftragte daher das Reisebüro, mir aus seinem Sonderangebot eine Reise herauszusuchen, die zu diesem Termin noch möglich wäre. Sicher können Sie sich denken, was jetzt kommt, und richtig, wir bekamen eine siebentägige Kreuzfahrt vor Madagaskar und eine Woche Kenia angeboten. Diese Reise lag bis auf einen Tag genau in unserem Zeitplan, und deshalb entschieden wir uns auch gleich dafür. Unser beider Unterbewußtsein dagegen wußte schon lange vorher, was auf uns zukommen würde, und deshalb wurden wir auch immer wieder mit Kenia konfrontiert.

Das Unterbewußtsein kann ohne weiteres in die Zukunft sehen, denn es unterliegt nicht unseren Begriffen von Zeit und Raum. Vielleicht wurden wir beide sogar vor etwas geschützt, das uns in China oder auf dem Flug hätte zustoßen können. Auf jeden Fall akzeptierten wir das, was passiert ist, als etwas für uns Positives und nahmen die Veränderungen an, ohne uns darüber zu ärgern.

Der Mann, den es gar nicht gab

Dr. Murphy erzählte mir einmal, daß ein Mann, mit dem er seit Jahren befreundet war, folgendes Erlebnis hatte: Er fuhr zum Flughafen, um eine Urlaubsreise anzutreten.

Während er am Schalter darauf wartete, einchecken zu können, trat ein Mann mit einem weißen Turban auf ihn zu und sagte mit indischem Akzent: »Bitte checken Sie nicht auf dieser Maschine ein. Sie wird während des Fluges ins Meer stürzen und keiner der Passagiere wird das Unglück überleben.« Daraufhin wandte sich der Unbekannte ab und verschwand in der Menschenmenge genauso schnell, wie er aufgetaucht war. Der Freund von Dr. Murphy fragte dann etwas verwirrt die Dame am Counter, ob sie den Mann kenne, der ihn soeben angesprochen habe, denn auch sie mußte diesen Inder gesehen haben, standen beide doch direkt vor ihr am Tresen. »Welcher Mann?« fragte die Flughafenbedienstete, »außer Ihnen stand hier doch niemand!«

Daraufhin verzichtete der Freund von Dr. Murphy auf den Flug und fuhr nach Hause, wo er in den Abendnachrichten vom Absturz der Maschine über dem Atlantik, den keiner der Passagiere überlebt hatte, erfuhr.

Dieser Mann arbeitete seit vielen Jahren mit seinem Unterbewußtsein und er dankt dieser großen Kraft täglich dafür, daß sie ihn ständig über alle Gefahren des Lebens hinweghebt. Mit Hilfe einer Art Halluzination (denn kein anderer Mensch als nur er allein nahm diesen Inder wahr) führte das Unterbewußtsein seine befohlene Schutzfunktion durch und rettete ihn so vor dem sicheren Tod im Atlantik.

Nostradamus, der große Seher

Wenn Sie nun sagen, na ja, das muß man wohl nicht auch noch glauben, dann geht es Ihnen wie mir vor vielen Jahren, denn aufgrund unserer Erziehung und der Überzeugungen, die wir uns im Laufe des Lebens aneignen, kann Ihnen das kein Mensch übelnehmen. Wie vorausschauend das Unterbewußtsein aber sein kann, zeigt Ihnen der folgende Bericht über den wohl berühmtesten Seher aller Zeiten, den Franzosen Michel Nostradamus. Er wurde am 14. Dezember 1503 in Saint-Rémy in der Provence geboren und starb 62jährig am 2. Juli 1566. Nostradamus sagte unter anderem Hitler, Mussolini, das Kennedy-Attentat, das Papst-Attentat, Tschernobyl, den Golf-Krieg und die Challenger-Katastrophe teilweise auf wenige Monate genau voraus, und auch für unsere eigene Zukunft hält er bis weit ins Jahr 2000 noch einige Prognosen bereit. Seine Voraussagen hatte Nostradamus so verschlüsselt, daß sie erst in unseren Tagen enträtselt werden konnten. Dies war von ihm auch genauso beabsichtigt, denn er wußte, daß er den Menschen zu seiner Zeit nichts von Raketen und Flugmaschinen erzählen konnte, ohne um sein Leben fürchten zu müssen. Seinen eigenen Tod sagte er genauso voraus wie auch die späteren Schändungen seiner letzten Ruhestätte. Hier einige der Voraussagungen des Michel Nostradamus; ich habe diese Beispiele dem Buch »Nostradamus, Prophetische Weltgeschichte« von Dr. N. Alexander Centurio (Turm Verlag, Bietigheim) entnommen:

»1933: Die Freiheit wird nicht wieder zu erlangen sein, ein finsterer, hochmütiger Mensch von niedriger Geburt wird sie in Besitz nehmen (Unterdrückung). Wenn das Material für einen Seekrieg fertiggestellt ist, wird der Mann von der Donau (Hitler) Venedig (Italien) zum Krieg überreden.«
Erklärung: Hitler, geboren am Inn, einem Nebenfluß der Donau, überredet 1940 Italien, für das hier als Teil des gesamten Italien Venedig steht, zum Krieg gegen die verbündeten Nationen. Die dunkle Herkunft Hitlers ist bekannt, ebenso sein hochfahrendes, finsteres Wesen.

»1942: Der neue Nero wird lebendige Kinder in drei Ka-

mine werfen lassen, damit sie verbrennen. Glücklich, wer
von dem Ort solcher Verbrechen weit entfernt ist. Drei
seines Blutes werden veranlassen, daß ihn der Tod er-
späht.«

Erklärung: Himmler, der neue Nero, ließ, wie Aussagen
in den Auschwitz-Prozessen beweisen, auch Kinder in
den Verbrennungsöfen (Kaminen) vergasen. Das Wort
Nero, das auf italienisch »schwarz« bedeutet, ist ein Hinweis auf die schwarze SS-Uniform. Die drei letzten Mini-
ster, die Hitler ernannte, Dönitz, Speer und von Krossigk,
ließen den Mann fallen, der für die Reinhaltung des Blutes eintrat. Himmler, der sich verkleidet hatte, wurde auf
der Flucht über die Brücke des Flüßchens Oste von
einem englischen Posten festgenommen und im Haupt-
quartier erkannt. Er vergiftete sich mit Zyankali, das er in
einer Zahnplombe verborgen hatte. So hatte der Tod
den großen Massenmörder doch erspäht.

Soweit ein kleiner Auszug aus dem Buch von Alexander
Centurio. Ich möchte Ihnen das Buch genauso ans Herz
legen wie auch das folgende von V. J. Hewitt und Peter
Lorrie mit dem Titel »Die unglaublichen Weissagungen
des Nostradamus zur Jahrtausendwende« (Goldmann
Verlag, München), aus dem ich ebenfalls zwei Beispiele
ausgesucht habe:

»1985–1994: Amerika; die Raumfähre Challenger explo-
diert beim Start. UdSSR: Tschernobyl antwortet mit Brän-
den in einem Reaktor. Sie führen uns an einen Punkt, der
unser Wissen übersteigt.«

Erklärung: Am 26. Januar 1986 explodiert die Raumfähre
Challenger knapp zwei Minuten nach dem Start, noch
bevor sie ihre Umlaufbahn erreicht. Sieben Astronauten
wurden getötet und das Mondfahrtprogramm der NASA
um Jahre zurückgeworfen. Drei Monate später, am
30. April, gerät der Reaktor Nr. 4 im Atomkraftwerk

Tschernobyl in Rußland in Brand. Der obere Teil explodierte und die Kernschmelze schien zu einem bestimmten Zeitpunkt unausweichlich. Die Auswirkungen der Katastrophe sind bis heute nicht gänzlich bekannt. Die Datierung dieser Prophezeiung (die wir hier nicht ausführen) weist deutlich in die Zukunft. Zwischen 1995 und 1996 bringen Wissen und Technologie im Bereich der Raumfahrt die menschliche Rasse keinen Schritt weiter; sie scheint mit dem aktuellen Wissensstand in eine Sackgasse geraten zu sein. Zwischen 1995 und 1998 beginnt für die Wissenschaft eine neue Ära; eine wichtige neue Entdeckung betrifft wiederum die Raumfahrt. Der 7. März 1999 ist ein entscheidendes Datum in dieser Zeitabfolge und bezieht sich auf eine revolutionierende Art der Technologie, die auf Theorien über die Funktionen der »Schwarzen Löcher« im Universum basiert.

»1991–1994: Ein vereinigtes Deutschland wird Europa verändern, es wird entdecken, daß sich der goldene Pfad bis zur Sowjetunion erstreckt. Ein eiserner Pfad im Süden. Die Menschen träumen von einem neuen und sicheren Zeitalter im Weltraum. Sie verlangen nach der Wissenschaft.«

Erklärung: Europa wird sich zwischen dem 3. Oktober 1991 und dem 8. Mai 1994 durch die Vereinigung Deutschlands zum Besseren verändern; laut Nostradamus besteht darüber kein Zweifel. Diese Veränderung wird unweigerlich einen »goldenen Pfad« bis zu den Grenzen der ehemaligen Sowjetunion schaffen, eine glänzende Zukunft des Friedens, des Wohlstandes und der wissenschaftlichen Erneuerung im Mai 1995.

Zur gleichen Zeit wird sich zwischen dem 1. Juni 1995 und dem 1. Mai 1996 ein anderer »eiserner Pfad« im Süden gewaltsam einen Weg bahnen und Unheil über das Mittelmeer, Italien und Griechenland bringen. Das wird auch durch andere Weissagungen bestätigt. Zwischen dem 11. Dezember 1992 und 2. Februar 1995 wird es »Träume« einer neuen Weltraumära geben. Unter »Träume« versteht Nostradamus revolutionäre Theorien, die durch Intuition entstehen und das schale, unmodern gewordene Denken der Standardtechnologien ablöst. Die Wege des in den nächsten Jahren entstehenden, mehr verinnerlichten Denkens des »neuen Zeitalters« werden sicher auch zu dieser neuen Wissenschaft beitragen.

Soweit die Prophezeiungen des Nostradamus. Ganz wichtig und beachtenswert ist der letzte Teil dieser Erklärung, denn hier weist Nostradamus ausdrücklich auf das neue Zeitalter, das sogenannte »New Age« hin, in dem die Entdeckung des Unterbewußtseins und seine Bedeutung in bezug auf unser aller Leben eine sehr große Rolle spielt. Sie sehen, Sie sind also auch laut Nostradamus auf dem richtigen Weg, wenn Sie den Empfehlungen dieses Buches folgen.

Auch für unsere nahe Zukunft gibt es natürlich Voraussagen dieses großen Sehers des 16. Jahrhunderts. Beispielsweise sollen im August 1998 nach seiner Überlieferung die ersten Außerirdischen gefilmt werden und im Fernsehen zu sehen sein.

Wenn Sie mehr über Nostradamus wissen wollen, lesen Sie die beiden erwähnten Bücher sowie das Buch »Nostradamus und die großen Weissagungen über die Zukunft der Menschheit« von Amadeus Voldben (Langen Müller, München).

Mein Anliegen war es in diesem Buch lediglich, Ihnen aufzuzeigen, daß das Unterbewußtsein jedes einzelnen von uns im Grunde genommen die gleichen Fähigkeiten besitzt wie einst das von Nostradamus, was ja viele Beispiele über vorausschauende, sogenannte präkognitive Träume anderer Menschen im Laufe der Jahrhunderte beweisen.

1. Arbeitsblatt

Wenn ich wirklich frei wäre, dann:

_____

_____

_____

_____

_____

_____

_____

_____

_____

_____

_____

_____

_____

_____

_____

_____

_____

_____

2. Arbeitsblatt

Folgende Dinge werde ich jetzt verändern:
(bei mehr als drei Dingen separates Blatt verwenden)

1. _____

2. _____

3. _____

Mein tägliches Erfolgsprogramm von 60 Minuten teile ich mir wie folgt ein:

von .... bis .... Minuten

von .... bis .... Minuten

von .... bis .... Minuten

Ich verspreche mir selbst, die von mir festgelegten »Trainingszeiten« konsequent einzuhalten, damit sich neue, bessere und glücklichere Umstände und Erfahrungen in meinem Leben verwirklichen und etablieren können.

3. Arbeitsblatt

Meine neue Zielbejahung lautet:

_____

_____

_____

_____

_____

_____

_____

Meine neue Zielvorstellung lautet:

_____

_____

_____

_____

_____

_____

_____

_____

_____

_____

13. Kapitel

Angst essen Seele auf

»Anfangen ist leicht, beharren ist Kunst!«

Sprichwort

Ein Freund beklagte sich einmal bei mir, daß er schon seit einem halben Jahr versuche, seinen Bauplatz, den er in der Nähe von Traunstein besitzt, zu veräußern. Nur zwei Interessenten hatten sich bisher bei ihm gemeldet, aber beide seien wieder abgesprungen, und obwohl er pro Woche fast 300 DM für Inserate ausgebe, würde sich einfach nichts Entscheidendes tun. Als ich gerade beginnen wollte, mich dazu zu äußern, hob er abwehrend die Hände und sagte: »Mit deiner Murphy-Methode brauchst du mir gar nicht erst zu kommen, denn auch diese habe ich schon – allerdings ohne Erfolg – ausprobiert.«

In den nächsten zehn Minuten hörte ich mir dann das bekannte Gezeter und die üblichen Ausreden an, bis es mir zu dumm wurde und ich ihn fragte, was er eigentlich von mir wolle. »Wenn du glaubst«, so fuhr ich fort, »du könntest mich als seelischen Mülleimer benutzen, dann täuscht du dich gewaltig. Entweder wir reden jetzt über mögliche Lösungen bezüglich deiner Situation, und dann mußt du mir schon eine kleine Analyse gestatten, oder du bedauerst dich noch eine Weile selbst, dann allerdings ohne mich, denn dieses Gerede höre ich mir nicht länger an!«

Seinem etwas kleinlauten »O.k.« entnahm ich, daß er reden wollte, und so fragte ich ihn zuerst, wie er die Murphysche These denn konkret angewandt habe. Er habe sich des öfteren gesagt, daß der richtige Käufer bald auftauchen und seinen Bauplatz kaufen würde, begann er, und er habe sich oft im Spiegel angesehen und sich gesagt, wie reich er sei.

Nun wollte ich wissen, wie oft er dies getan habe. Ohne mir auf meine Frage zu antworten, legte er gleich damit los, mir zu erklären, wie sehr er im Streß stünde, wie wenig Zeit er hätte und daß ich mir gar nicht vorstellen könne, wie es sei, wenn man bis in die Nacht arbeiten müsse und darüber hinaus noch einen kleinen Sohn habe, der wenigstens am Wochenende etwas von seinem Vater haben wolle. Ich fragte ihn, ohne auf meine nicht beantwortete Frage nochmals einzugehen, warum er denn diesen Bauplatz unbedingt verkaufen wolle; schließlich würde dieser doch von Jahr zu Jahr wertvoller werden und sein Sohn würde sich später sicher einmal freuen, wenn er ein eigenes Haus bauen könne. Diese Frage stellte ich ganz bewußt, weil ich das Gefühl hatte, daß er in finanziellen Schwierigkeiten steckte und deshalb das Geld aus dem Bauplatzverkauf dringend benötigte. Damit hatte ich auch genau ins Schwarze getroffen, wie mir seine Frau bestätigte, die ihn dann etwas unwirsch aufforderte, die Karten doch endlich auf den Tisch zu legen.

Wieder einmal brach eine glatte Fassade in kurzer Zeit zusammen, und dahinter verbarg sich ein Sumpf, in dem die beiden bis zum Halse steckten. Wenn sie nicht in spätestens fünf Tagen der Bank 10 000 DM vorweisen konnten, würde diese den Verkauf, notfalls sogar die Versteigerung ihres gemeinsamen Hauses betreiben.

Es war also schon beinahe fünf nach zwölf. Nachdem die

Wahrheit dann endlich auf dem Tisch war, schauten mich beide mit Tränen in den Augen an. So schlimm die Angelegenheit im Augenblick auch stand, immerhin konnte ich mir jetzt ein Bild darüber machen, warum er keinen Käufer für sein Grundstück gefunden hatte und auf welcher Ebene die Bejahungen und Imaginationen, die ihn täglich durchfluteten, angesiedelt waren.

Wer 24 Stunden täglich von Existenzangst geplagt ist (und das weiß gerade ich am besten), der kann nicht erfolgreich sein in seinen geistigen Vorstellungen. Unter einem solchen Druck ist es sehr schwer, nur das Gute zu sehen. Ich erklärte meinem Freund deshalb ausführlichst, daß alle Imaginationen, Bejahungen und Spiegelbehandlungen nur dann einen Sinn und Aussicht auf Erfolg hätten, wenn sie kontinuierlich angewandt würden und das Gegenteil, nämlich die Existenzangst, auf gar keinen Fall in den übrigen 23 Stunden des Tages die Oberhand haben dürfe. Ich fragte ihn, wie hoch er die Chancen einschätze, einen brennenden Strohballen zu löschen, wenn er alle paar Minuten einen halbvollen Zahnputzbecher Wasser hineinschüttete.

Da begriff er, was ich meinte, und er nahm sich vor, sich von nun an jeden Tag konsequent fünfmal fünfzehn Minuten lang geistig vorzustellen, wie er seine Schulden am Bankschalter begleichen und wie ihm der Kassierer dazu gratulieren würde. Damit er aber den größten Druck zunächst einmal aus dem Kreuz bekam, nämlich das Ultimatum seiner Bank, versprach ich ihm, mit dieser gleich am nächsten Tag zu reden und notfalls eine Bürgschaft zu übernehmen. Ich wußte, daß er ein feiner und ehrlicher Kerl war, und daß er – allein um mir nicht finanziell zu schaden – alles tun würde, um aus dieser Klemme herauszukommen. Wir besprachen zum Schluß noch sein persönliches Imaginationsprogramm, und dann verabschiedete ich mich von den beiden. Am nächsten Morgen suchte ich die Bank auf, bei der er in der Kreide stand, und führte ein ausführliches Gespräch mit dem Sachbearbeiter, den ich seit zehn Jahren aufgrund gemeinsamer Geschäfte kannte. Ich erreichte einen Aufschub von drei Monaten unter der Voraussetzung, daß ich mich mit 10 000 Mark plus Zinsen verbürgte. Am selben Abend rief ich ihn an und berichtete ihm von diesem Gespräch, was ihn natürlich noch mehr motivierte, und er versicherte mir, daß er am Ende dieser Frist zahlungsfähig sein würde.

Die Lösung

Vier Wochen vergingen, ohne daß etwas geschah. Dann, eines Morgens, erhielt er den Anruf eines Mannes, der sich für sein Grundstück interessierte und mit dem er sich noch am selben Tag zu einer Besichtigung traf. Dieser Kunde kaufte ihm die eine Hälfte seines etwa zehn Ar (1000 Quadratmeter) großen Grundstücks zu einem sehr guten Preis ab, und die andere Hälfte behielt er selbst für seinen Sohn. Mit einem Schlag waren seine Sorgen, seine Schulden und seine Trauer verflogen, und er führte sein Unternehmen binnen weiterer zwei Jahre aus den roten Zahlen heraus.

Diese Entwicklung führt er heute völlig überzeugt auf die Macht der Imagination zurück, aber ganz besonders auf die tagtägliche Arbeit mit sich selbst und seinem Unterbewußtsein. Er begriff sehr schnell, daß man Veränderungen nicht halbherzig herbeiführen kann und daß die Angst der größte Feind des Glücks und der größte Gegner der Harmonie ist.

Wenn auch Sie vor einer schwierigen Situation stehen,

dann hören Sie damit auf, alles mit Wissen, Können und dem Bewußtsein lösen zu wollen, sondern vertrauen Sie, bauen Sie auf die Macht des Unterbewußtseins und erleben Sie in Ihren Vorstellungen bereits die perfekte Lösung Ihrer momentanen Situation. Nur wer bereit ist, einen Schnitt zu machen und aus den Ängsten auszusteigen, kann auch mit guten Lösungen rechnen. So wie Mais nur Mais hervorbringt, wie eine Katze nur eine Katze werfen und ein Mensch nur einen Menschen auf die Welt bringen kann, so können Angst und Mangel nur weiter Angst und Mangel erzeugen. Durchbrechen Sie deshalb schnellstens diesen Teufelskreis und stellen Sie sich das, was Sie wirklich haben wollen, bildlich so vor, als hätten Sie es bereits erhalten. Tun Sie das, so oft Sie es im Laufe des Tages können; notfalls gehen Sie während der Arbeit einfach etwas öfter zur Toilette, um dort ungestört daran zu arbeiten und Ihre Angst mit positiven Vorstellungen »auszutrocknen«. Tun Sie etwas gegen Ihre Angst, indem Sie den Mechanismus der Freude in Betrieb setzen und ihn so lange pflegen, bis er endgültig an die Stelle des Angstmechanismus getreten ist.

Denken Sie noch einmal ganz logisch über das eben Gelesene nach und lassen Sie sich vor allen Dingen nicht von anderen, die keine Ahnung von der Materie haben, aus der Bahn werfen. Reden Sie nur mit Menschen darüber, die etwas vom Thema verstehen, denn Sie gehen ja auch nicht zu jemandem, der eine gut eingerichtete Hobbywerkstatt hat, wenn Sie sich einen Zahn ziehen lassen müssen. Sie gehen vielmehr zu einem Spezialisten, einem Zahnarzt, weil Sie von ihm wissen, daß er die Einrichtung, das Wissen und die Instrumente hat, um Ihnen helfen zu können.

Menschen, die Ihnen von der geistigen Arbeit abraten

oder Sie belächeln, sind meist selbst wie führungslose Schiffe in den Wellen des Ozeans, und sie haben das, was sie anzweifeln, selbst noch nie ausprobiert.

Wenn Sie die Verfasser der zahlreichen Zitate in diesem Buch einmal sehr genau und aufmerksam ansehen, dann werden Sie feststellen, daß es gerade die Großen der Weltgeschichte waren, die Ihnen dasselbe raten, wie ich es tue, und die alle aus Erfahrung sprachen, wie zum Beispiel Goethe, Schiller, Humboldt, Nietzsche und Hofmannsthal. Mit diesen Namen schmücken wir Deutsche uns gerne, verstehen aber meist gar nicht, was diese Menschen uns wirklich sagen wollten. Das ist traurig, aber leider wahr. Wenn Ihr Nachbar eifersüchtig, krank und voller Ressentiments gegen Sie ist, dann ist das seine Sache. Denn was der Mensch den ganzen Tag über denkt, das ist er!

Ich werde solche Zusammenhänge in diesem Buch immer und immer wiederkäuen und mit Beispielen aus meinem Leben oder dem Leben anderer erläutern, damit Sie die Aussagekraft und Power des konstruktiven Denkens mit der Zeit ganz in sich aufnehmen, verinnerlichen und zum guten Schluß zu Ihrer zweiten Natur werden lassen können. Wer danach immer noch an den geistigen Gesetzen zweifelt, dem ist zwar momentan nicht zu helfen, aber im Laufe der Jahre wird auch er die Zusammenhänge mehr und mehr verstehen, und genau das sollten wir alle lernen zu tolerieren, denn in jedem Wettlauf gibt es schließlich nicht nur einen Ersten.

Werden Sie sich Ihrer Kraft bewußt

Wie viele Menschen lassen sich an ihrem Arbeitsplatz demütigen, anraunzen und oft bis zur Selbstaufgabe ausnützen, nur weil sie glauben, keine gleichgeartete, freundlichere und lukrativere Stelle zu bekommen. Nicht der jetzige Chef ist Ihr wirklicher Arbeitgeber, sondern Sie selbst mit Ihren Vorstellungen und Befürchtungen sind es. Ihr Unterbewußtsein hat jederzeit etwas Besseres für Sie bereit, und Sie müssen nicht einmal die eine Stelle kündigen, ehe Sie eine neue gefunden haben, sondern Sie können in aller Ruhe, während Sie Ihrer bisherigen Tätigkeit noch nachgehen, eine neue, schönere und vielleicht auch besser bezahlte »herbeiimaginieren«, um dann, wenn sich eine neue Chance auftut, zu kündigen und zuzugreifen.

Mädchen für alles

Eine Dame, etwa dreißig Jahre jung, von Beruf Bankkauffrau, arbeitete seit ihrer Lehrzeit in ein und derselben Bank. Dadurch, daß sie bei ihrem damaligen Eintritt als Lehrling von allen geduzt wurde, konnte sie diese Umgangsformen hauptsächlich bei den älteren Mitarbeitern nicht mehr ändern, und auch allen neu hinzukommenden Kollegen wurde sie aus reiner Gewohnheit mit dem Vornamen vorgestellt, so daß sie von diesen mit der Zeit ebenso geduzt wurde. Sie war ein sehr schüchterner und zurückhaltender Mensch, und deshalb brachte sie nicht den Mut auf, diesbezüglich einmal kräftig auf den Tisch zu hauen.

Im Laufe der Jahre hatte sie sich durch die Aufnahme von Angestelltenkrediten für eine Wohnung und ein Auto noch mehr in ein Abhängigkeitsverhältnis gegenüber ihrer Bank hineinmanövriert, und daher sah sie kaum einen Ausweg, irgendwann dem zweifelhaften Ruf eines »Mädchens für alles« zu entrinnen. So kam es, daß sie jeden Abend vor dem Einschlafen damit begann, sich wenigstens geistig vorzustellen, wie schön es wäre, geachtet, respektiert, beliebt und begehrt zu sein, denn auch ihr Privatleben verlief ziemlich farblos.

Irgendwann entschloß sie sich dann, ohne jemals ein Buch über das positive Denken gelesen zu haben, wenigstens in ihrer Phantasie glücklich zu leben. Kurz darauf wurde in ihrer Bank ein neuer Filialleiter eingestellt, der zunächst dafür sorgte, daß sie nicht mehr von allen geduzt, sondern ab sofort gesiezt wurde. Einige Monate danach bekam sie eine neue Kollegin, die sich nicht nur mit ihr anfreundete, sondern ihr auch beibrachte, sich etwas netter zurechtzumachen und sie Samstag abends ab und zu einmal zum Tanzen mitnahm. Auf einer dieser Tanzveranstaltungen lernte sie einen jungen Mann kennen, der ebenfalls Bankkaufmann war und sie nach ein paar Monaten als Kreditsachbearbeiterin zu sich holte, um sie etwa ein Jahr danach zu heiraten.

Innerhalb von wenigen Monaten änderte sich also ihr Leben von Grund auf. Viel später war sie anfangs der Meinung, daß es sich dabei lediglich um glückliche Zufälle gehandelt habe, aber je mehr sie sich das konstruktive Denken von ihrem Mann, der ein großer Anhänger von Dale Carnegie und Napoleon Hill war, aneignete, desto klarer wurde ihr, daß es ihre eigene »Flucht« in das Positive gewesen war, das diese Wandlung letztendlich auslöste. Aus reiner Verzweiflung, auch einmal glücklich zu sein, begann sie damals ihre abendlichen Vorstellungen, die ihr dann so gefielen, daß sie ihnen immer mehr nachhing. Ihr Unterbewußtsein wußte aber nicht, daß es diese Bilder, die es empfing, eigentlich gar nicht hätte umsetzen brauchen, weil sie nicht so ernst gemeint waren; nein, es verwirklichte einfach, genauso wie es in den Jahren zuvor Mangel, Angst und Minderwertigkeitsgefühle auch kommentarlos und ohne abzuwägen verwirklicht hatte. Alles ist veränderbar und wandelbar, wenn Sie es wirklich wollen und wenn Sie die Disziplin aufbringen, daran festzuhalten, bis es verwirklicht ist. Jeder kann es tun, jeder hat die Voraussetzungen dazu und jeder hat das Recht, glücklich und erfolgreich zu leben. Denn so, wie der Mensch in seinem Herzen denkt, so ist er. Das ist so, und das wird immer so sein, heute, morgen und in alle Zukunft.

Das Massenbewußtsein ist sehr gefährlich

Wenn wir abends die Füße hochlegen und das Heute-Journal oder die Tagesschau einschalten, dann werden wir doch ständig mit all den Katastrophen, Kriegen und Unglücksfällen dieser Welt konfrontiert. Meist sitzen zu diesem Zeitpunkt auch noch die Kinder vor dem Fernsehapparat, und Sie sollten sich einmal Gedanken darüber machen, welche Ängste und Beklemmungen gerade bei Kindern unter 14 Jahren durch den Konsum solcher Sendungen ausgelöst werden. Ich möchte Ihnen dazu ein Beispiel aus meiner eigenen Kindheit erzählen. Auch wenn ich einmal alt bin, werde ich die folgende, anscheinend harmlose Szene niemals vergessen haben. Als ich acht Jahre alt war, begleitete ich meine Mutter zwei Tage vor dem Silvesterabend zum Einkaufen. Während sie in der Bäckerei darauf wartete, bedient zu werden, ging ich zum danebenliegenden Kiosk, um mich zu informieren, was es gerade an neuen Micky-Maus- und Fix-und-Foxi-Heften gab. Plötzlich stand ich vor der Schlagzeile einer großen Boulevardzeitung und las: »1959 – Tod, Krieg und Seuche«. Ich war wie gelähmt. Natürlich las ich nicht den dazugehörigen Artikel, was mir in diesem Alter mangels Können auch nicht ohne weiteres möglich gewesen wäre; nein, ich nahm diese Schlagzeile, so wie ich sie sah, für bare Münze, und für mich war sonnenklar, daß wir alle, meine Mutter, mein Vater und auch ich im nächsten Jahr sterben müßten. Ich sprach mit meiner Mutter damals nicht darüber, denn ich war so geschockt, daß ich nicht mehr richtig denken konnte. Nächtelang konnte ich nicht einschlafen, und wenn, dann träumte ich davon, wie ich von Panzern und Flugzeugen verfolgt wurde. Oft erwachte ich mitten in der Nacht schweißgebadet und hatte furchtbare Angst. Nach einigen Tagen vergaß ich dann alles wieder, wie das eben bei Kindern oft der Fall ist, wenn andere, neue Eindrücke auf sie zukommen.

Zweiunddreißig Jahre nach diesem Vorfall besuchte ich ein Selbsterfahrungsseminar, in dem die Teilnehmer schrittweise an ihre größten Ängste herangeführt wurden, um diese sowie die damit zusammenhängenden körperlichen Probleme oder Blockierungen aufzulösen. Während einer Entspannungsübung, in der wir uns ganz spontan an eine Situation erinnern sollten, die mit einer einmal erlebten großen Angst in Zusammenhang stand, tauchte exakt dieses Bild mit der Schlagzeile aus dem Jahr 1958 in mir auf, und als die Seminarleiterin uns aufforderte, jeder für sich solle einmal nachempfinden, wie er sich in der jeweiligen Situation fühlt, da schnürte es mir fast die Kehle zu und ich begann hemmungslos zu weinen und zu schluchzen wie ein kleines Kind. Jene Angst, die ich mich damals nicht auszuleben traute, brach nun – über dreißig Jahre später – aus mir heraus, und ich brauchte fast zehn Minuten, um mich wieder zu beruhigen. Von diesem Tag an wußte ich, wie wichtig es gerade für Kinder ist, das konstruktive Denken zu erlernen.

In meiner Kindheit wurde ja noch wesentlich zurückhaltender über die Probleme in der Welt berichtet. Nahaufnahmen von Leichen gab es im Gegensatz zu heute überhaupt nicht. Und gerade deshalb müssen wir darauf achten, daß die Kinder nicht noch mehr Schocks und Blockaden in sich aufnehmen, die sie dann möglicherweise ein Leben lang belasten und die womöglich alle Arten von gesundheitlichen Problemen verursachen, wenn sie nicht wieder aufgelöst werden können.

Bevor ich all diese Seminare besuchte, hatte ich mehrmals pro Jahr mit einer leichten Gastritis zu tun, die immer dann auftrat, wenn mir etwas Furcht bereitete. Seit ich das Problem aber in diesen Seminaren durch den Weinkrampf aufgelöst hatte, sind diese Symptome nie mehr aufgetreten. Ängste und nicht aufgearbeitete, negative Erlebnisse, die sehr oft aus der Kindheit stammen, setzen sich in unserem Körper fest und sind vielfach der eigentliche Auslöser für Krankheiten, Unfälle und andere Probleme. Der Körper als Spiegel der Seele muß automatisch diese tief in uns sitzenden Erlebnisse ausbaden, und deshalb ist es wichtig, sich sehr häufig mit positiven, harmonischen Gedanken zu beschäftigen und bewußt auf all das zu verzichten, was uns Angst und Unbehagen bereitet.

Wenn Sie meinen, Sie könnten auf Horrorfilme oder ähnliche mentale Gifte keinesfalls verzichten, dann ist das Ihre Sache, aber tun Sie Ihren Kindern bitte solche Art von »Unterhaltung« nicht an.

»Ein Junge weint nicht!«

Fragen Sie Ihre Kinder von Zeit zu Zeit nach eventuellen Ängsten und ermuntern Sie sie, darüber zu reden. Häufig werden Sie dann feststellen, daß Ihre Kinder diese Ängste während der Schilderung nochmals ganz real erleben und genauso bitterlich weinen, als hätten sie sie gerade erst durchlebt.

Vergessen Sie dann bitte die dummen Sprüche, die man Ihnen beigebracht hat, wie beispielsweise: »Ein großer Junge weint doch nicht.« Seien Sie froh, wenn diese Ängste durch Tränen aufgelöst werden. Die Gesundheit Ihrer Kinder ist dadurch mehr gewährleistet als durch alle »kleinen Steaks« und Corn-flakes, die Ihnen die Werbung verkaufen will.

Er fand sein gestohlenes Auto wieder

Einem Mann, den wir hier Herr Schuster nennen wollen, wurde sein Auto gestohlen. Er praktizierte schon seit vielen Jahren das positiv-konstruktive Denken und erkannte sofort, daß allein er und niemand anderes die Ursache für diesen Verlust irgendwann einmal selbst gesetzt haben mußte. Der Täter war im Grunde nur das ausführende Organ, der seinerseits eine solche kriminelle Erfahrung brauchte, und das unendliche Bewußtsein stellte die Verbindung zwischen Dieb und Bestohlenem auch prompt her. Es gibt ja bekanntlich keinen Zufall, sondern lediglich das ewig gültige Gesetz von Ursache und Wirkung. Dies wußte auch Herr Schuster sehr genau, und deshalb setzte er sich noch am selben Tag ganz gelassen auf sein Sofa und instruierte sein Unterbewußtsein auf die folgende Weise: »Der unendlichen Intelligenz in mir ist der Aufenthaltsort meines Autos sehr wohl bekannt. Ich weiß, daß ich es war, der die Ursache für diesen Diebstahl gesetzt hat und ich vergebe mir dafür offen, ehrlich und von ganzem Herzen. Mit jeder Sekunde meines Lebens nähere ich mich nun wieder meinem Eigentum, meinem Auto.«

Parallel dazu stellte er sich ganz intensiv vor, wie glücklich er sich fühlen würde, wenn sein Wagen wieder vor seinem Haus stünde, und genau dieses Bild – wie er mit der Hand über das Dach seines Wagens streicht – durchlebte er mehrmals täglich ganz intensiv in seiner Phantasie. Herr Schuster, der in Wirklichkeit ein sehr prominenter Bürger der Stadt Stuttgart ist, war inzwischen so gefestigt im konstruktiven Denken und in der Imagination, daß er nicht wochenlang zu üben brauchte; nein, das was er bejahte und vor seinem geistigen Auge sah, daran zweifelte er nicht im geringsten, und so ließ er nach etwa einer halben Stunde geistiger Arbeit die Angelegenheit gleich wieder los in dem Wissen, daß sein Unterbewußtsein ihn richtig führen werde.

Genau sechs Tage später, als er mit seinem Zweitwagen durch eine verkehrsberuhigte Zone mit Tempo 30 fuhr, sah er plötzlich einen Ball aus einer Ausfahrt rollen, verfolgt von einem etwa sechsjährigen Kind. Er bremste sofort und brachte den Wagen zum Stehen. Das Kind, das zunächst erschrak, dann aber sah, daß das Auto stoppte, lief weiter, um den Ball unter dem auf der anderen Straßenseite geparkten Wagen hervorzuholen, wohin er inzwischen gerollt war. Herrn Schuster, der dem Kind nachsah, durchfuhr auf einmal ein Stich, denn das Auto, unter dem der Ball lag, war sein seit sechs Tagen vermißter Mercedes. Vom Autotelefon aus alarmierte er die Polizei, die den Wagen gleich sicherstellte und einige Stunden beobachten ließ, um den Dieb eventuell zu überraschen. So geschah es dann auch, daß der Dieb des Wagens, als er zwei Stunden später nichtsahnend einsteigen wollte, von der Polizei verhaftet wurde.

Vertrauen zahlt sich immer aus

Herr Schusters jahrelange Arbeit mit seinem Unterbewußtsein und sein dadurch immer stärkeres Vertrauen in diese innere Kraft brachten ihm sein Auto zurück. Es gibt wirklich keine Zufälle – es gibt, wie gesagt, immer nur eine Ursache und eine Wirkung. Akzeptieren Sie also immer nur das, was positiv ist und was Sie haben wollen in Ihrem Leben. Wenn Sie aber doch einmal »Mist« gebaut haben und Sie eine Erfahrung machen müssen, die – ähnlich wie die von Herrn Schuster – nicht besonders erfreulich ist, dann beginnen Sie sofort damit, neue positive Ursachen für ebensolche Wirkungen zu setzen, denn solange Sie leben, unterliegen Sie so wie wir alle den Naturgesetzen des Denkens und Handelns, die sich niemals ändern werden.

Eine fleißige Marktfrau

Als ich noch ein Lehrjunge war, mußte ich immer für die ganze Belegschaft des Sporthauses Zeh in Stuttgart – wie man auf schwäbisch sagt – Vesper holen. Ich lief also morgens gegen zehn Uhr von einem Angestellten zum anderen, um die einzelnen Bestellungen der Kollegen aufzunehmen. Das Sporthaus Zeh liegt glücklicherweise keine 30 Sekunden von der Stuttgarter Markthalle entfernt, was mir meine Arbeit natürlich sehr erleichterte. Während dieser dreijährigen Lehrzeit lernte ich notwendigerweise sehr viele Geschäftsinhaber verschiedener Stände dieser Markthalle kennen, unter anderem auch zwei Marktfrauen, die ihre Gemüsestände nur unweit voneinander aufgeschlagen hatten. Die eine der beiden war von Haus aus schlampig, was man leicht an ihrer

Kleidung und dem Zustand ihres Verkaufsstandes erkennen konnte. Die andere dagegen machte meist gute Umsätze, und wenn es einmal ruhig war, so genierte sie sich nicht, vor ihren Stand hinzutreten und die vorbeikommenden Leute lautstark auf ihre frische Ware aufmerksam zu machen. Dadurch verkaufte sie auch an nicht so guten Tagen um einiges mehr an Obst und Gemüse als ihre Standnachbarinnen.

Viele Jahre danach, als ich wieder einmal in die Markthalle ging, stellte ich fest, daß ebendiese besonders rührige und fleißige Marktfrau inzwischen ihren Stand verdreifacht und sich unter anderem den der nörgelnden Nachbarin einverleibt hatte. Als ich mich ihr zu erkennen gab, freute sie sich sehr, mich wiederzusehen und wir begannen, uns ein wenig zu unterhalten. Sie erzählte mir, daß die Nachbarin pleitegegangen wäre und sie nun schon seit über 13 Jahren deren Stand übernommen habe. Dann sagte sie einen sehr bemerkenswerten Satz zu mir, den ich gerne wörtlich – allerdings in verständlichem Schriftdeutsch – zitieren möchte: »Weißt du, Peter, der Herrgott gibt immer nur denen viel, die es sich auch wert sind!« Damit traf sie den Nagel auf den Kopf, denn mit Nörgeln und Schimpfen erreicht niemand etwas Positives, und viel bekommt immer nur der – egal in welchen Bereichen des Lebens –, der sich auch für wert empfindet, viel zu erhalten. Diese Frau ist sehr klug, dachte ich, als ich mich von ihr verabschiedete, und kaum war ich fünf Schritte von ihr entfernt, da hörte ich sie wieder rufen: »Schöne Tomaten, die Dame? Kommen Sie und suchen Sie die festen und roten heraus!« Als ich mich nochmals umdrehte, sah ich, daß sie dadurch wieder eine neue Kundin gewonnen hatte. Sie war sich nicht zu schade, freundlich und zuvorkommend zu sein, und ihr Geschäft sowie der Verkaufserfolg spiegelten diese Einstellung wider. Es war wie bei allem im Leben – wie innen so außen!

Der Taucher

Vor Jahren erlebte ich eine interessante Geschichte auf den Philippinen. Als ich mit meiner Tauchausrüstung gerade auf dem Weg zur Basis war, hörte ich im Vorbeigehen aus einem der Bungalows lautes Fluchen. Ein Mann, hocherregt vor Wut, beschimpfte sich unaufhörlich selbst. Ich möchte die Ausdrücke, die er dabei benutzte, hier nicht unbedingt wiederholen, denn sie waren nicht druckreif. Durch das offene Fenster sah ich einen semmelblonden Mann, der sich an seinen beiden Koffern zu schaffen machte. Später erfuhr ich, daß auch er Taucher war, und der Grund seines Tobsuchtsanfalles war folgender: Er tauchte niemals ohne seine Ponyflasche (das ist eine kleine Preßluftflasche mit eigenem, separatem Lungenautomaten); viele Taucher nehmen ein solches Gerät zusätzlich mit unter Wasser, damit sie in Notfällen eine alternative Luftversorgung haben. Dieser Mann hatte immer nur mit Ponyflasche getaucht, sie aber diesmal zu Hause vergessen. Die ersten Urlaubstage stierte er deshalb nur verbissen in sein Bier, rang sich aber dann doch dazu durch, mit nur einer – der üblichen – Preßluftflasche zu tauchen.

Was ich befürchtete ...

Als er seinen ersten Tauchgang begann, hatte er mächtige Angst und tauchte nur etwa neun oder zehn Meter tief. Auch am zweiten und dritten Tag ging er nicht viel tiefer; dann allerdings schien er langsam die größte Angst überwunden zu haben, und so begab er sich am nächsten Tag mit der Gruppe zusammen auf 22 Meter Tiefe. Kaum dort angekommen, spürte er, wie die Luft plötzlich weniger wurde, und er schnappte sich sofort geistesgegenwärtig den Octopus seines Tauchpartners (Zweitmundstück zum Lungenautomaten) und gab diesem per Handzeichen zu verstehen, daß er Luftprobleme hatte und beide deshalb schnellstens gemeinsam auftauchen sollten. Sein Tauchpartner reagierte sofort. Es stellte sich dann heraus, daß jener Tourist die Preßluftflasche von der Seite der Basis weggenommen hatte, auf der die gebrauchten Flaschen standen, und da er zuvor, als er den Lungenautomaten anschloß, auch den Druck nicht kontrolliert hatte, bemerkte er nicht, daß nur noch sehr wenig Luft in der Flasche war. Er beteuerte, daß ihm dies noch niemals passiert sei, daß er aber von nun an nur noch zu schnorcheln gedenke und nicht mehr tauchen würde, ohne seine Ponyflasche dabeizuhaben.

Was war passiert? Das Unterbewußtsein dieses Mannes setzte seine tief verwurzelte Angst, ohne diese Ponyflasche nicht sicher zu sein, postwendend um, denn in seinem Geist waren ja die Angstbilder angesiedelt, was passieren könnte, wenn er ohne Ponyflasche tauchen würde. Deshalb auch sein Fehlgriff mit der Preßluftflasche und das Nichtkontrollieren des Finimeters (Druckanzeiger), was zur absoluten Pflicht vor einem Tauchgang gehört, wenn man den Lungenautomaten an die Flasche anschließt. Er fühlte sich allerdings in seiner Überzeugung bestätigt, daß er niemals ohne Ersatzflasche tauchen sollte, dabei war es nur seine tief verwurzelte Angst, die ihm seinen Urlaub verdarb.

1. Arbeitsblatt

Wenn ich eine Million Mark hätte, dann:

_____

_____

_____

_____

_____

_____

_____

_____

_____

_____

_____

_____

_____

_____

_____

_____

_____

_____

_____

_____

_____

_____

2. Arbeitsblatt

Folgende Dinge werde ich jetzt verändern:
(bei mehr als drei Dingen separates Blatt verwenden)

1._____

2._____

3._____

Mein tägliches Erfolgsprogramm von 60 Minuten teile ich mir wie folgt ein:

von .... bis .... Minuten

von .... bis .... Minuten

von .... bis .... Minuten

Ich verspreche mir selbst, die von mir festgelegten »Trainingszeiten« konsequent einzuhalten, damit sich neue, bessere und glücklichere Umstände und Erfahrungen in meinem Leben verwirklichen und etablieren können.

3. Arbeitsblatt

Meine neue Zielbejahung lautet:

_____

_____

_____

_____

_____

_____

_____

Meine neue Zielvorstellung lautet:

_____

_____

_____

_____

_____

_____

_____

_____

_____

14. Kapitel

Was sind Sie sich wert?

»Die Dummen haben nicht das
Pulver erfunden, aber sie schießen damit.«

GERHARD UHLENBRUCK

Denken Sie einmal ganz bewußt über folgende Aussage nach: »Jeder ist sich genausoviel wert, wie er verdient!« Diesen Satz müssen Sie sich auf der Zunge zergehen lassen, denn er enthält eine sehr wichtige und wahre Aussage; egal, was Sie heute sind, wo Sie arbeiten und wie zufrieden und glücklich Sie sich dabei fühlen. All dies haben Sie selbst verursacht. Ein Mensch, der seinen Job für 3000 Mark pro Monat macht, der ist es sich wert, für ebendiese 3000 Mark monatlich seine Arbeitskraft zu verkaufen. Der andere, der 10 000 Mark im Monat verdient, ist derselbe Mensch aus demselben Fleisch und Blut, nur hat er sich entschlossen, sich teurer zu verkaufen. Wieviel sind Sie sich pro Monat oder pro Jahr wert? Was tun Sie, um die Lücke zwischen Ihrem Wunsch und Ihrer sogenannten Realität zu schließen? Gehören Sie zu denen, die über den Arbeitgeber und die Gewerkschaften schimpfen, oder zu jenen, die vielleicht durch einen Zweit- oder Dritt-Job versuchen, sich ein bißchen besser zu stellen?

Als ich mich vor vielen Jahren entschloß, mir während meiner Entspannung täglich dreißig Minuten vorzustellen, was ich will, veränderte sich mein Leben von Jahr zu Jahr positiver. Erwarten Sie bitte nicht, daß Ihnen während Ihres Sonnenbades auf der Terrasse ein Sack mit 10 000 Mark vor die halbleere Coladose fällt, sondern beobachten Sie die kleineren oder größeren Fortschritte, die Sie fast unbemerkt, aber kontinuierlich erleben, wenn auch Sie sich dreißig Minuten am Tag sechs oder zwölf Monate lang ganz konsequent Ihren Wunschvorstellungen widmen.

In diesem Kapitel möchte ich Ihnen von einigen Menschen berichten, die genau dies getan haben, und ich möchte Ihnen gerade anhand dieser Beispiele Mut machen, selbst etwas in dieser Richtung zu tun, um die vorher angesprochene Lücke zwischen Wunsch und Wirklichkeit in Ihrem Leben ohne große Mühe – nur mit ein wenig Selbstdisziplin – schließen zu können.

Klaus M. hat tolle Erfolge

Klaus M. war 23 Jahre jung und von Beruf Automechaniker. Er war seit zwei Jahren verheiratet und Vater einer Tochter von neun Monaten. Als wir uns kennenlernten, dachte er gerade darüber nach, für sich und seine Frau eine Eigentumswohnung zu kaufen. Der einzige Nachteil an der Geschichte war der, daß seine Gezeitenanzeige, das Eigenkapital betreffend, ständig auf Ebbe stand. Die Banken hier in Deutschland finanzieren sehr viel, aber hundert Prozent oder mit Disagio sogar einhundertzehn Prozent nur dann, wenn dementsprechende Sicherheiten vorhanden sind. Klaus M. hingegen war darüber hinaus, auch was die monatliche Belastungsfähigkeit anbetraf, nicht gerade ein Krösus. Ich riet ihm zur »Wunschvorstellungs-Methode«, und da er recht intelligent war, sagte er sich: Probieren kann nicht schaden, denn eine halbe Stunde Ruhe pro Tag kann mir nur guttun!

Drei Monate, nachdem er diesen Entschluß gefaßt und mit Leben erfüllt hatte, rief ihn sein Chef eines Morgens zu sich und fragte ihn, ob er daran interessiert wäre, als Werkstattleiter einen Zweigbetrieb dieser Firma, etwa dreißig Kilometer vom Mutterhaus entfernt, zu übernehmen. Mit diesem Job war eine Gehaltsaufbesserung von 1000 Mark pro Monat verbunden. Er sagte natürlich sofort zu und nahm die Stelle an. Weitere zwei Monate später erbte seine Frau, deren Großmutter gestorben war, 30 000 Mark, mit denen sie nie und nimmer gerechnet hatten. Beide entschlossen sich daraufhin, eine kleine Eigentumswohnung zu erwerben, die sie vermieten wollten, um an der Wertsteigerung von Grund und Boden zu partizipieren, und dabei legten sie die Finanzierung so aus, daß die Mieteinnahmen und Steuervorteile die Kosten voll abdeckten.

Kurz nachdem der Notartermin stattgefunden hatte, rief der Bauträger an und erzählte ihnen, daß der Käufer der Fünf-Zimmer-Dachgeschoß-Wohnung im selben Haus überraschend gestorben sei, und ob sie nicht umsteigen und diese Fünf-Zimmer-Wohnung anstelle der Drei-Zimmer-Wohnung kaufen wollten. Er, der Bauträger, wüßte, daß die Erben des Verstorbenen selbst in Geldschwierigkeiten steckten und bereit wären, mit Verlust zu verkaufen, um ihre eigenen Verbindlichkeiten einigermaßen abdecken zu können. Die in Aussicht gestellten 50 000 Mark Nachlaß auf diese Wohnung plus 30 000 Mark aus dem Erbe waren nun als Eigenkapital ausreichend, um eine Finanzierung darstellen zu können, und die Gehaltserhöhung, die aus der Übernahme des Zweigbetriebs resultierte, trug obendrein dazu bei, daß auch die monatlichen Kosten für die Wohnung bequem getragen werden konnten.

Innerhalb eines halben Jahres schaffte es Klaus M. also,

sich seinen Traum von einer eigenen, großen Wohnung in gewünschter Lage zu erfüllen. Tagtäglich träumte er konsequent diesen Traum. Er sah sich mit seiner Familie bereits in einer großen, geräumigen Wohnung leben und gab diese Vision nie mehr auf. Schon damals, als beide beim Notar die Drei-Zimmer-Wohnung als Kapitalanlage erwarben, war er überglücklich über das, was sich in kürzester Zeit in seinem Leben ereignete. Als sich dann die weiteren Ereignisse derart positiv überschlugen und er letztendlich gar nicht wußte, wie ihm geschah, als er auf einmal Besitzer einer Fünf-Zimmer-Wohnung war, legte er am Abend des zweiten Notartermins ganz einfach den Kopf zurück und weinte hemmungslos vor Glück, während seine Frau für beide eine Flasche Champagner öffnete. »Wer dann noch von ›Zufall‹ spricht, wenn er so etwas einmal erlebt hat«, so sagte er später zu mir, »dem ist wirklich nicht zu helfen.«

Einmal St. Moritz und zurück

Eine Arzthelferin aus Ulm las begeistert alle Bücher von Dr. Murphy, die sie in die Finger bekam und erkannte sehr schnell, daß nur das »Tun« – das Anwenden also – Ergebnisse bringen konnte, denn wie heißt es in der Bibel: »Glaube, wenn er nicht Werke hat, ist er tot!« (Jakobus 2,17)
Ihr sehnsüchtigster Wunsch war ein Pelzmantel, und deshalb folgte sie den Empfehlungen von Dr. Murphy und stellte sich zweimal täglich ganz intensiv vor, wie es sich anfühlt, in einen solchen Mantel zu schlüpfen und wie es sich weiter anfühlt, mit der Innenfläche der Hände über das Fell zu streichen. Jedesmal, wenn sie ihre sehr gefühlsbetonte Arbeit beendet hatte, dankte sie ihrem Un-

terbewußtsein für die Erfüllung ihres Wunsches und fühlte sich dabei so, als wäre alles schon Wirklichkeit. Obwohl sich fast ein halbes Jahr lang nichts wesentliches tat, behielt sie ihr Programm stur bei, denn sie wußte, daß immer nur der scheitert, der zu früh aufgibt.

Eines Tages geschah dann genau vor der Tür jener Praxis, in der sie arbeitete, ein Autounfall. Sie stand gerade am Fenster des Labors und war mit dem Beschriften von Blutproben beschäftigt. Ihr Chef war außer Haus und die Praxis bereits geschlossen. Als sie sah, wie einem der Beteiligten des Autounfalls das Blut aus der verletzten Schlagader am Arm schoß, ließ sie alles liegen und stehen und rannte auf die Straße, boxte mit den Ellbogen alle Gaffer, die sich in Windeseile zusammengefunden hatten, beiseite und kämpfte sich zu dem Verletzten durch. Sie band dem im Schockzustand ständig auf die Wunde sehenden Mann kurzerhand mit ihrem Gürtel notdürftig den Arm ab und brachte ihn anschließend in die Praxis, wo sie ihn bis zum Eintreffen des Rettungswagens versorgte und beruhigte.

Etwa vier Wochen danach kam dieser unfreiwillige Patient in die Praxis, und als er seine Retterin wiedersah, lud er sie als Dankeschön zum Abendessen ein. Sie warf sich nach Feierabend also in Schale, um mit dem einstigen Patienten auszugehen. Es gab nur vom Feinsten an diesem Abend, und als beide beim Mokka angekommen waren, hatten sie sich schon ein wenig näher kennengelernt. Sie erzählte unter anderem von ihrem Lieblingshobby, dem Skifahren, und als der Abend schließlich zu Ende war, verabschiedeten sie sich als gute Freunde.

Etwa zwei Tage danach erhielt sie einen eingeschriebenen Brief mit einem Gutschein für einen zweiwöchigen Skiurlaub in St. Moritz inklusive Fahrtkosten und Taschengeld – als Dank für die Rettungsaktion, denn das

Unfallopfer war, wie sich später herausstellte, mehrfacher Millionär und Vorstandsvorsitzender eines ortsbekannten Elektrokonzerns. Um sich nun ihrerseits zu bedanken, lud sie ihren Gönner ebenfalls zum Abendessen ein, und im Laufe des Gespräches fragte sie ganz schüchtern an, ob es nicht möglich sei, statt des Skiurlaubs den Gegenwert in Geld zu bekommen, weil sie erstens keinen Urlaub mehr hatte und sich zweitens damit ihren Wunschmantel kaufen könnte. Ohne zu zögern, stimmte ihr Gegenüber ihrem Ansinnen zu und stellte sofort einen Scheck über 10 000 Mark aus unter der Bedingung, daß er bei der Auswahl des Mantels behilflich sein durfte. Ihr Wunsch war erfüllt.

Auch anhand dieses Beispiels können Sie wieder einmal feststellen, daß das Unterbewußtsein oft die verschlungensten Pfade geht, um Sie ans Ziel Ihrer Wünsche zu führen. Aber das wichtigste ist immer das Ergebnis, und auch in diesem Fall stimmt dieses am Ende zu hundert Prozent.

Probieren Sie es selbst aus und bleiben Sie unbeirrt am Ball, dann werden Sie sehr bald feststellen, daß diese Geschichte überhaupt nichts Mysteriöses an sich hat, denn die Wege, die Ihr Unterbewußtsein einschlägt, um Sie an Ihr Ziel zu bringen, sind niemals vorherzusehen. Sie können Ihrem Unterbewußtsein jede Frage übergeben, die Sie beantwortet haben wollen, und Sie werden mit Sicherheit auch eine Antwort erhalten. Gerade Menschen, die am Beginn ihrer geistigen Arbeit stehen, fragen mich oft, auf welche Weise denn die Antwort kommen werde. Ich erkläre ihnen dann, daß sie zunächst an dem, was sie wissen wollen, sehr stark interessiert sein müssen, so daß sie auch einige Wochen oder sogar Monate lang bereit sind, ihr Unterbewußtsein täglich um die Beantwortung dieser Frage zu bitten. Manchmal sind Ihnen ein paar

Dinge nur wenige Stunden wichtig und danach vergessen Sie sie wieder.

Wenn Sie die Frage aber so stark bedrängt, daß Sie sich ständig mit ihr beschäftigen, dann beginnen Sie ganz einfach damit, Ihr Unterbewußtsein diesbezüglich zu befragen. Dazu müssen Sie vorher keine Doktorarbeit schreiben; nein, setzen Sie sich einfach hin, konzentrieren Sie sich auf die Frage, sprechen Sie sie aus und sagen Sie Ihrem Unterbewußtsein dann, daß Sie ihm vertrauen und Sie die Antwort, wenn sie da ist, auch erkennen werden. Das ist alles! Fahren Sie, wenn nötig, täglich über zwei oder drei Monate damit fort. Sollten Sie bis dahin immer noch keine Lösung erhalten haben, dann sagen Sie Ihrem Unterbewußtsein, daß Sie heute die Frage zum letztenmal stellen und dann völlig loslassen in der Überzeugung, daß die Antwort bald kommen wird. Vertrauen Sie blind und lenken Sie Ihre Aufmerksamkeit wieder von der Frage weg. Die Antwort kann auf tausenderlei Arten kommen und Sie werden es innerlich immer wissen, wenn sie da ist.

Jörg wollte mich betrügen

Vor vielen Jahren lernte ich Jörg aus Fellbach bei Stuttgart kennen. Wir wickelten einige kleine Geschäfte miteinander ab und kamen auch privat ab und an zusammen. Als er vor Jahren Konkurs anmelden mußte, schuldete er mir weit über zehntausend Mark, und weil wir Freunde waren, vereinbarten wir, daß er den gesamten Betrag zurückzahlen könne, sobald er aus dem Gröbsten heraus sei und wieder sicheren Boden unter den Füßen hätte.

In den kommenden Jahren hatten wir nur noch sehr

losen Kontakt miteinander, und im Jahr 1990, knapp zehn Jahre nach seiner Pleite, sprach ich ihn dann wieder auf die noch anstehende Schuld bei mir an.

Zwei Jahre hielt er mich in der folgenden Zeit mit Ausreden und Stories hin, die allein für ein ganzes Buch gereicht hätten; dann wurde es mir zu bunt, und ich begann, etwas massiver zu werden. Von diesem Tag an lief nur noch sein Anrufbeantworter. Als ich meinem Geschäftspartner davon erzählte, lachten wir beide herzlich über die Entwicklung dieser Geschichte, denn schon seit einem halben Jahr schlossen wir vor jedem Telefonat Wetten ab, welche Ausrede wir heute (mein Partner hörte die Gespräche in dieser Angelegenheit meist mit, falls ich einmal einen Zeugen brauchte) zu hören bekämen.

Daß ich den ausstehenden Geldbetrag aber trotzdem wieder bekommen würde, darüber war ich mir im klaren; welchen Kanal allerdings mein Unterbewußtsein wählen würde, nachdem Jörg selbst als mögliche Zahlungsquelle endgültig ausgefallen war, interessierte mich schon sehr.

Die Antwort ließ nur etwa einen Monat auf sich warten. Jörg hatte, während er in derselben Fertighausfirma wie ich tätig war, eine Doppelhaushälfte mit zwei Kellern veräußert in der Hoffnung, daß das dazugehörige zweite Haus ebenfalls sehr schnell verkauft und gebaut werden könne. Aufgrund seiner etwas mangelhaften Fachkenntnis hinsichtlich des Abfassens von Notarverträgen konnte aber kein weiterer Käufer gewonnen werden, und die Fertighausfirma saß durch seine Schuld auf dem vorfinanzierten Bauplatz nebst Keller und sah keine Möglichkeit, beide kurzfristig zu veräußern.

Deshalb kam die Geschäftsleitung eines Tages auf mich und meinen Partner mit einem sehr großzügigen und kaum abzulehnenden Kaufangebot für besagten Keller und das dazugehörige Grundstück zu.

Noch bevor die Zufahrt zu diesem Grundstück endgültig durch weitere Neubauten versperrt wurde, erwarben wir das Ganze und bauten auf unsere Kosten selbst ein Haus auf den bereits vorhandenen Keller, welches wir privat behalten und vermieten wollten. Kaum aber stand der Rohbau, da kamen die Interessenten in Scharen, und wenige Tage danach hatten wir Haus, Grundstück und Keller komplett verkauft.

Es ist überflüssig zu erwähnen, daß ich daran ein Mehrfaches dessen, was mir Jörg schuldete, verdiente. So kann das Unterbewußtsein auch antworten, denn wenn man ihm vertraut und Geduld hat, dann kann man niemals Verluste machen.

Ich schrieb Jörg damals einen Brief, in dem ich ihm mitteilte, daß er seinen Anrufbeantworter wieder abschalten könne, weil ich nicht die Absicht hätte, ihn oder seine Frau nochmals sprechen zu wollen, und damit war die Angelegenheit für mich erledigt, denn ich wußte, daß mein Unterbewußtsein nur reagieren könnte, wenn ich ruhig und gelassen auf die von mir gesetzte Ursache vertraute. Es ist manchmal schon sehr frappierend, wie wunderbar und unfehlbar die Kräfte des Unterbewußtseins funktionieren, wenn man ihnen vertraut und an sie glaubt, so wie ich es in diesem Falle tat.

Der Lottogewinn

Eine ähnliche Sache passierte einem Freund von mir; er hatte Außenstände in Höhe von mehreren tausend Mark, und er buchte diesen Verlust nach der Pleite jenes Betriebes auf das Konto »Lebenserfahrung«, ohne sich darüber allzusehr aufzuregen. Obwohl er nicht gerade auf Rosen gebettet war, schluckte er diese bittere

Pille. Als er seine Akten durchsah, um den Verlust für seinen Steuerberater aufzuarbeiten, fand er in einer Kunststoffhülle einen von ihm ausgefüllten Lottoschein, der – aus welchen Gründen auch immer – sich in jenem Aktenordner versteckt hatte. Kurzentschlossen gab er diesen am selben Nachmittag noch ab und gewann am darauffolgenden Wochenende damit 28 000 Mark, was ebenfalls einiges mehr war, als dieser Betrieb ihm schuldete.

Wer sich mit Verlusten identifiziert, der wird Verluste erleiden, wer sich mit Gewinn identifiziert, der wird Gewinne machen. Auch dies ist ein unverrückbares Naturgesetz, nach dem auch Sie sich richten sollten. Keiner, nicht der Ärmste der Armen, muß ewig in diesem Zustand verharren. Es gibt keine Macht, die auf Lebenszeit Armut oder Reichtum verteilt. Es sind ganz allein Ihre Einstellung, Ihre inneren Bilder und Worte, die Sie verändern müssen; dann werden sich auch Ihre äußeren Lebensumstände verändern.

Manche Frauen gründen Vereinigungen und Vereine, um sich emanzipieren zu können, aber Emanzipation muß von innen kommen. Aller Kampf ist gleichzeitig auch Krampf! Stellen Sie sich das vor, was Sie wollen, und halten Sie am einmal Beschlossenen unabdingbar fest, dann wird es sich manifestieren müssen, und zwar zwingend. Wer dies anzweifelt, der kann es nicht ausprobiert haben und kann sich deshalb auch nicht das Recht herausnehmen, mitzureden. Denken Sie immer daran, wenn Sie Leute treffen, die Ihnen weismachen wollen, daß dies alles nicht stimmt. Wir alle sind viel zu »verkopft« und haben es verlernt, auf die Kräfte aus dem Bauch zu hören; wir vertrauen einzig und allein unserem angelernten Wissen.

Mein 1981 verstorbenes Vorbild Dr. Joseph Murphy hat

viele Jahrzehnte hindurch unzählige Vorträge gehalten, Radio- und Fernsehsendungen moderiert und eine Vielzahl von Büchern über dieses Thema geschrieben und uns allen seine ganze Erfahrung auf diesem Gebiet hinterlassen. Viele Menschen praktizieren das konstruktive Denken täglich und haben millionenfach den Beweis angetreten, daß es nicht die Schulbildung ist, die uns hauptsächlich weiterbringt in unserem Leben, sondern unsere Einstellung und unsere inneren Vorstellungen von uns und unserer Zukunft, die ein positives Vorwärtskommen verursachen.

Natürlich ist es immer sehr hilfreich, eine gute und fundierte Schulbildung beziehungsweise Ausbildung zu haben; aber später, wenn Sie im Leben stehen und die volle Verantwortung für sich übernommen haben, dann sollten Sie schon sehr genau wissen, nach welchen Gesetzmäßigkeiten Ihr Leben funktioniert und sich dann auch danach richten, um ein Leben in Glück, Harmonie und Gesundheit zu führen.

Meine plötzliche Wachstumsphase

Ich war 13 Jahre alt, als ich D-Jugend-Torwart bei den Stuttgarter Kickers war. Als Steppke mit damals 155 Zentimetern war ich nicht gerade ein Riese, aber erstens konnte ich diesen Mangel durch meine recht gute Sprungkraft wettmachen, und zweitens spielte die Jugend noch auf die etwas kleineren Schülertore. Gegen Ende meiner D-Jugend-Zeit hörte ich eines Tages den Trainer der nächsthöheren Stufe, der C-Jugend, zu einem anderen, mir bekannten Mann sagen: »Wenn der Peter nicht noch mindestens zwanzig Zentimeter wächst, dann muß ich mich nach einem neuen, größeren Torwart umschauen, denn er kommt nicht einmal mit den Fingerspitzen an die Querlatte, wenn er hochspringt!«

Zuerst war ich beleidigt, denn daß ich die erste Wahl wäre – auch in der C-Jugend –, daran habe ich keine Minute gezweifelt. Abends im Bett betete ich dann: »Lieber Gott, laß mich mindestens zwanzig Zentimeter wachsen, damit sich die Kickers keinen neuen Torwart suchen und ich auch in der C-Jugend spielen kann.« Auch während des Tages wiederholte ich dieses Gebet des öfteren, denn es war mir unheimlich wichtig, nicht wegen meiner Größe ausgemustert zu werden.

Etwa acht Monate später wurde ich dann die Nummer eins im Tor der C-Jugend, denn mein Unterbewußtsein ließ mich in dieser Zeit um 21 Zentimeter wachsen. Ich war zwar immer noch kein Riese, aber es war durchaus vertretbar, mich zwischen die Pfosten eines normal großen Fußballtores zu stellen.

In meiner Rückerinnerung war dies, wie ich heute glaube, das erste Mal, daß ich ganz intensiv mit meinem Unterbewußtsein gearbeitet hatte. Eben weil dieses Ziel zum damaligen Zeitpunkt das wichtigste in meinem jungen Leben war, brachte ich auch den Willen und die Bereitschaft auf, täglich daran zu arbeiten.

Was Sie tun können, wenn Sie etwas verlegt haben

Wenn Sie mit dem Unterbewußtsein experimentieren und relativ schnell Ergebnisse haben wollen, dann tun Sie einmal das Folgende: Wenn Sie etwas suchen, weil Sie es verlegt haben oder nicht mehr wissen, ob es überhaupt noch im Hause ist, dann beauftragen Sie täglich Ihr Unterbewußtsein, Ihnen zu enthüllen, wo dieser Gegenstand ist beziehungsweise was mit ihm geschah. Vergessen Sie die Sache danach wieder und vertrauen Sie einfach Ihrem höheren Selbst, grübeln Sie nicht weiter und suchen Sie auch nicht mehr danach. Innerhalb von ein paar Stunden oder ein paar Tagen fällt es Ihnen – meist zu einem unmöglichen Zeitpunkt – wieder ein und Sie sehen vielleicht ganz kurz, so als ob ein Blitzlicht aufleuchtet, den Gegenstand und die Stelle, an dem er sich befindet. Das Unterbewußtsein registriert, speichert und weiß alles. Deshalb bereitet es ihm auch keine Mühe, Ihnen die Auflösung des Problems zu schicken.

Viele Menschen, die ich kenne, haben sich mittels dieser Methode von der Kraft und der Unfehlbarkeit ihres Unterbewußtseins überzeugen lassen, bevor sie an größere Aufgaben gingen. Das Vertrauen in das Unterbewußtsein kann man auf diesem Weg besonders gut stärken, eben weil kurzfristig sehr gute und eindrucksvolle Erfahrungen gemacht werden können.

Wie ich meinen Metro-Ausweis wiederfand

Als ich vor einiger Zeit meinen Metro-Ausweis suchte, wandte ich dieses Verfahren ebenfalls sehr erfolgreich an. Ich setzte mich ruhig und entspannt hin und sagte zu meinem Unterbewußtsein: »Du weißt, wo ich diesen Ausweis zuletzt abgelegt habe, bitte führe mich zu diesem Ort, denn ich brauche diesen Ausweis jetzt dringend, um Einkäufe zu machen!« Dann stand ich auf und begann wieder zu schreiben, damit ich etwas abgelenkt war und mein Bewußtsein sich nicht ständig mit diesem Ausweis beschäftigte, denn das Unterbewußtsein kann nur dann effektiv arbeiten, wenn man einen klaren Auftrag erteilt und danach nicht ständig weitergrübelt. Solange wir uns bewußt mit einer Sache auseinandersetzen, sieht das Unterbewußtsein nämlich keinen Handlungsbedarf. Es nützt Ihnen also herzlich wenig, wenn Sie Ihren Wunsch zwanzigmal täglich wiederholen und zwischenzeitlich nicht loslassen. Dasselbe wäre es, wenn Sie ein Pferd anbinden und gleichzeitig »Hüa« rufen würden. Als ich dann wie geschildert vorgegangen war, vergrub ich mich wieder in mein Manuskript, und am selben Abend sah ich mir mit heißem Herzen das Halbfinalspiel um die Fußball-Europameisterschaft zwischen Deutschland und Schweden an. Von einer Sekunde zur anderen erschien Mitte der zweiten Halbzeit plötzlich mein Aktenkoffer vor meinem geistigen Auge, der hinter meinem Schreibtischstuhl im Büro steht. Sofort wußte ich, daß mein Ausweis darin liegen mußte. Ich notierte mir kurz das Wort »Koffer« und legte mir den Zettel für den nächsten Tag parat. Ich öffnete meinen Aktenkoffer, und siehe da, mein Metro-Ausweis lag genau vor mir. Daraufhin bedankte ich mich bei meinem Unterbewußtsein und ging zur Tagesordnung über.

Es sind oft die kleinen Dinge des Lebens, an denen wir die Zusammenhänge von Ursache und Wirkung immer wieder leicht erkennen können.

So fuhr ich beispielsweise vor wenigen Tagen mit meinem Fahrrad eine obligatorische Runde durch die Felder und Wälder in der Umgebung. Als ich unterwegs so vor mich hinsinnierte, kam ich auf die Idee, daß es schön wäre, wenn ich an einem Kirschbaum vorbeikäme, denn nach ein paar guten, roten Herzkirschen gelüstete es mich schon seit einigen Tagen. Mitten im Wald entschloß ich mich dann spontan, einen Seitenweg zu wählen, den ich bisher noch nie gefahren war. Als ich wieder auf meine übliche Route zurückkehren wollte, mußte ich ein Wiesenstück überqueren, und Sie werden es kaum glauben, dort stand ein Kirschbaum, der fast unter der Last seiner Früchte zusammenzubrechen schien. Ich stellte mein Fahrrad ab und schlug mir genüßlich den Bauch voll mit dunkelroten, reifen und sehr süßen Herzkirschen. Auch solche Erlebnisse, die jeder Mensch schon zu Tausenden in seinem Leben hatte, sind Beweise für die Funktion des Unterbewußtseins, die Gesetzmäßigkeit von Ursache und Wirkung – und gegen den Aberglauben vom berühmt-berüchtigten »Zufall«.

Wie Angela ihre Pflanzen lieben lernte

Das Problem der meisten Kritiker des konstruktiven Denkens ist, daß sie alle nach dem Motto verfahren: »Was nicht sein kann, das nicht sein darf!« Ein Gedanke, der sich materialisiert? So ein Blödsinn. Das ist doch Leuteverdummung und Geldmacherei, sagt der Intellektuelle. Wenn Ihnen jemand einmal so kommt, dann sollten Sie ihn einfach danach fragen, ob er das, was er so entschieden ablehnt, denn schon einmal selbst ausprobiert hat: Wahrscheinlich erhalten Sie die Antwort: »Mit solch einem Quatsch beschäftige ich mich nicht, weil ich mit beiden Füßen auf dem Boden stehe!« Lassen Sie diesen Menschen bitte bei seiner Meinung, denn diese Aussagen sind in den meisten Fällen mit einem kräftigen Schuß Aggressivität verbunden. Aber Aggressivität ist oft blanke Unsicherheit, wenn man über etwas sprechen soll, das einem unbekannt ist und deshalb innerlich Angst bereitet. Vor allen Dingen aber glauben diese Menschen, daß sie eine so gut fundierte Allgemeinbildung besitzen, daß sie um solche Dinge wüßten, wenn es sie wirklich geben würde.

Ich habe einmal mit einer Gruppe von Leuten über Philosophie im allgemeinen gesprochen und dabei unter anderem folgende Aussage gemacht: Wenn man sich eine bestimmte Pflanze vornimmt, sie liebevoll behandelt oder sie sogar streichelt, so wird sie sich besser entwickeln als die Artgenossen ihrer Umgebung, denn auch Pflanzen haben ein Bewußtsein.

Eine junge Frau, die wir hier Angela nennen wollen, hörte mir aufmerksam zu, und als wir uns nach etwa zwei Jahren wieder begegneten, sagte sie zu mir: »Du hast damals viele Beispiele angeführt, was das konstruktive Denken anbelangt, aber keines davon hat in mir etwas ausgelöst. Erst als du vom Bewußtsein der Pflanzen gesprochen hast, nahm ich mir vor, dies einmal zu testen. Ich erklärte eine meiner Zimmerpflanzen zum Versuchskaninchen; diese war sowieso mein Sorgenkind, und ich wollte sie längst in den Müll werfen, weil sie sich nicht so entwickelte, wie ich es mir vorstellte.

Ich setzte mich von nun an jeden Tag fünf Minuten vor sie hin und sprach mit ihr, sagte ihr, wie sehr ich sie mag und daß sie das Recht hätte, eine stolze, kräftige Pflanze zu werden. Dabei streichelte ich ihre Blätter und war sehr liebevoll zu ihr. Ich muß wohl kaum erwähnen, daß ich mir am Anfang ziemlich albern dabei vorkam und deshalb jedesmal die Fenster und Vorhänge schloß, bevor ich mit dem Zwiegespräch begann, um zu verhindern, daß meine Nachbarn mich in die Klapsmühle bringen lassen.

Aufgeben wollte ich auf keinen Fall, denn mein Interesse hattest du zweifellos geweckt. Nach drei Wochen begann eine ganz erstaunliche Entwicklung, denn mein Sorgenkind wuchs, gedieh, wurde üppiger und schöner, und nach zweieinhalb Monaten begann sie sogar zu blühen. Daraufhin fing ich an, auch mit mir selbst zu arbeiten. Nach einem halben Jahr stellte ich durch mehrere, sehr positive Erfahrungen fest, daß dies alles stimmt, was du damals sagtest. Es ist auch völlig richtig, daß der Mensch das, was er denkt, auch ist. Hätte ich dich an diesem Abend als Idioten abgekanzelt, wären mir einige der positivsten Erfahrungen meines Lebens nicht passiert.«

Seien Sie deshalb niemals einfach gegen etwas, sondern versuchen Sie, hinter die Dinge zu kommen, auch wenn Sie Ihnen im ersten Moment suspekt sind. Halten Sie sich aber bitte fern von Sekten und von Menschen, die angeblich Ihre Seele retten wollen, und vor allem: Lassen Sie sich bitte kein Geld aus der Tasche ziehen. Meist nämlich sind die, die das Geld verdammen und Ihnen klarmachen wollen, daß es etwas Verachtungswürdiges und Schmutziges sei, selbst am meisten dahinter her. Geben Sie Ihr Geld lieber für Ihre eigene Ausbildung aus – da haben Sie mit Sicherheit mehr davon.

Schreiben Sie mir

In meinen ersten beiden Büchern habe ich Sie gebeten, mir zu schreiben, um mir von Ihren eigenen Erfolgen zu berichten. Zum Schluß deshalb noch eine Anmerkung in eigener Sache.

Viele von Ihnen haben mir Geschehnisse berichtet, von denen ich einige auch in diesem Buch wiedergegeben habe, aber ich habe festgestellt, daß die meisten mir nur Probleme, Ängste und Sorgen schildern in dem Glauben, wenn ich mit dem Finger schnippen würde, wäre alles wieder gut. Ich bin aber kein Zauberkünstler und wäre Ihnen deshalb sehr dankbar, wenn Sie mir, nachdem Sie mir Ihre Probleme in aller Kürze geschildert haben, auch schreiben würden, wie Sie die Lösung anzugehen gedenken.

Sie wissen inzwischen schon sehr viel über die geistigen Gesetze, und deshalb möchte ich, daß Sie sich selbst Lösungsmöglichkeiten ausdenken, zu denen ich dann meinen Kommentar geben oder Anmerkungen machen kann. Auf diese Art und Weise kann ich Sie nicht nur besser betreuen, sondern ich erkenne auch, wo noch Defizite vorhanden sein könnten.

Wenn Sie Ergebnisse mit Ihrer geistigen Arbeit erzielt haben oder mir solche aus Ihrer Vergangenheit berichten können, dann tun Sie dies bitte sehr ausführlich, denn ich bin dankbar für jede Geschichte, die die Kraft des konstruktiven Denkens weiter untermauert und unter Beweis stellt. Ich kann diese Geschichten zudem immer für weitere Bücher gebrauchen, und deshalb möchte ich Sie auch bitten, mir Ihre persönlichen Stories für einen eventuellen Abdruck freizugeben, wobei Sie natürlich wissen sollen, daß Namen von Personen und die Orte der Handlung von mir verändert werden, wenn Sie dies wünschen.

Ich wünsche Ihnen nun viel Spaß und viel Durchhaltevermögen für Ihre Arbeit mit sich selbst. Der Erfolg kommt ganz von allein, verlassen Sie sich darauf.

In diesem Sinne möchte ich mich mit einer alten hebräischen Meditation von Ihnen verabschieden und Ihnen viel, viel Erfolg wünschen:

»Von aller Existenz bin ich die Quelle, der Fortlauf und das Ende. Ich bin der Keim; ich bin das Wachstum; ich bin der Zerfall. Alle Dinge und Geschöpfe gehen von mir aus; und ich erhalte sie und doch stehen sie für sich, und wenn der Traum der Trennung endet, bewirke ich ihre Rückkehr zu mir. Ich bin das Leben und das Rad des Gesetzes und der Weg, der zum Jenseitigen führt, kein anderer ist es!«

Begriffserläuterungen

Affirmation: Bejahende, zustimmende, bekräftigende Aussage.
Bejahung: Deutsches Wort für Affirmation, zustimmende, bekräftigende Aussage.
Blockaden: Physisch verursachte Störfaktoren, die sich im Körper festsetzen.
Destruktiv (denken): Zersetzend, zerstörend, bösartig, zum Verfall führend.
Gastritis: Magenschleimhautentzündung.
Imaginär: Bildhaft, nur in der Vorstellung vorhanden, nicht wirklich, nicht real.
Intuitiv: Eingebung, (plötzlich) ahnendes Erfassen.
Kataleptische Starre: Starrkrampf der Muskeln.
Konstruktives Denken: Gezielte Vorstellung einer gewünschten Situation beziehungsweise Handlung im Geiste. Nach dem Motto: »Denken sollst Du, an was noch nicht ist, damit es werde!« (Elisabeth Haich).
Manifestation: Das offenbare Sichtbarwerden, Erkennbarwerden.
Manipulation: Bewußter und gezielter Einfluß auf Menschen ohne deren Wissen, absichtliche Verfälschung von Informationen.
Mental: Die Geistesart, die Psyche oder das Denkvermögen betreffend.
Myom: Gutartige Geschwulst des Muskelgewebes.
New Age: Neues Zeitalter.
Philosophie: Forschendes Fragen und Streben nach Erkenntnis des letzten Sinnes, der Ursprünge des Denkens und Seins, der Stellung des Menschen im Universum, des Zusammenhanges der Dinge in der Welt.

Reinkarnation: Wiederverleiblichung (in der buddhistischen Lehre von der Seelenwanderung).

Ressentiment: Gefühlsmäßige Abneigung, heimlicher Groll, Neid.

Sammelsurium: Umgangssprachlich für Unordnung, Durcheinander.

Schwarzes Loch: Ein bis zur unendlichen Dichte kollabiertes Himmelsobjekt, das mit großer Wahrscheinlichkeit aus unserem Universum verschwindet. In dieser Region ist die Raum-Zeit-Struktur entartet. Wahrscheinlich taucht die in dem schwarzen Loch verschwundene Materie in einem anderen Teil unseres Universums durch sein Pendant, ein weißes Loch, wieder auf. Heute vermuten einige Wissenschaftler in Quasaren weiße Löcher (entnommen aus Johannes von Buttlar, »Gottes Würfel«, Herbig Verlag, München 1992).

Simultan: Gemeinsam, gleichzeitig.

Spiegelbehandlung: Suggestion, laut und vernehmlich dem eigenen Spiegelbild vermittelt.

Subliminals: Unbewußt, unterschwellig vermittelte Botschaften.

Whole Brain: Das ganze Gehirn betreffend.

Visualisieren: Eine Form geistiger Konzentration, sich etwas bildlich vorzustellen und über längere Zeit so deutlich wie möglich zu machen.

Literaturhinweise

Bach, R.: »Die Möwe Jonathan«, Berlin 1972. »Illusionen«, Berlin 1978.

Börner-Kray, B.: »Der geistige Weg«, München 1985.

Bradshaw, J.: »Das Kind in uns«, München 1992.

Carnegie, D.: »Sorge Dich nicht, lebe!«, München/Wien 1949.

Curtis, D.: »Wie man Probleme löst«, München 1994.

Davis, R.: »So kannst Du Deine Träume verwirklichen«; »Wahrheitsstudien«; »Die Macht der Seele. Erlebte Wirklichkeit«; »Entfalte dein inneres Potential«; Friedrichsdorf 1979/93.

Emerson, R. W.: »Essays«, Zürich 1982; »Das Emerson-Brevier« (K. O. Schmidt), Pforzheim 1980.

Fillmore, Ch.: »Die zwölf Kräfte des Menschen«, Pforzheim 1992.

Fox, E.: »Die Kraft der universellen Energie«, München 1982.

Friebe, M.: »Das Alpha-Training«; »Das Omega-Training«; »Geh' durchs Tor, Miranda«; »Vom Kopf zum Herzen« (Brevier für den Manager des neuen Zeitalters), Zürich 1990.

Gawain, S.: »Im Garten der Seele«; »Leben im Licht«, München 1990; »Stell Dir vor«, Basel 1984.

Griscom, Ch.: »Die Heilung der Gefühle/Angst ist eine Lüge«, München 1988.

Haich, E.: »Einweihung«, Ergolding 1985.

Hay, L.: »Du bist Dein Heiler«; »Gesundheit für Körper und Seele«, München 1989. »Liebe deinen Körper«, Freiburg 1990. »Wahre Kraft kommt von innen«, Freiburg 1992.

Hill, N.: »Denke nach und werde reich«, Genf 1975.

Holland, J.: »Liebe – Urquell Ihrer Kraft«, Genf 1984.

Holmes, E.: »Vollkommenheitslehre«, Friedrichsdorf 1985.

Kirschner, J.: »Die Kunst, ein Egoist zu sein«, München 1976.

McLaine, S.: »Zwischenleben«, München 1985. »Zauberspiel«, »Tanz im Licht«, München 1986.

Mulford, P.: »Unfug des Lebens und des Sterbens«, Frankfurt/M. 1977. »Die Möglichkeit des Unmöglichen«, Berlin 1972. »Ausgewählte Texte«, München 1986. »Alltagsphilosophie«, Zürich 1982. »Seeleninventar«, Zürich 1981. »Einer, der es wagt«, Pforzheim 1970.

Müller, B.: »Energie der 12 Sonnen-Chakra Strahlen«, München 1993.

Murphy, J.: »Die Macht Ihres Unterbewußtseins«; »Die Wunder Ihres Geistes«; »Energie aus dem Kosmos«; »Die Gesetze des Denkens und Glaubens«; »Das I-Ging Orakel«; »Dr. Murphy's Vermächtnis«; »Die unendliche Quelle Ihrer Kraft«; »Der Weg zu innerem und äußerem Reichtum«, Genf 1970 ff.; »ASW – Ihre außersinnliche Kraft«; »Finde dein höheres Selbst«; »Das große Buch von Dr. Joseph Murphy«; »Das Superbewußtsein«; »Ihr Weg zu innerer Sicherheit«; »Die Kraft Ihres inneren Friedens«; »Die Kraft schöpferischen Denkens«; »Leben in Harmonie«; »Laß los und laß Gott wirken«; »Die Macht der Suggestion«; »Positiv leben ohne Streß«; »Die Praxis des positiven Denkens«; »Tele-Psi. Die Macht Ihrer Gedanken«, München 1979/93.

Paulson, S.: »Liebe deinen Nächsten wie dich selbst«; »Die 13 Gebote«, Pforzheim 1980.

Ponder, C.: »Die dynamischen Gesetze des Reichtums«, München 1980. »Bete und werde reich«, München 1981.

Roberts, J.: »Gespräche mit Seth«, Genf 1979.

Roger, J., Mc Williams, P.: »Wie man seine Träume verwirklicht«, Berlin 1993.

Schmidt, K. O.: »Ohne Furcht leben«; »Der innere Arzt«; »Ein neues Leben für das alte«; »Atom-Energie der Seele«; »Richtig denken – richtig leben«; »Gedanken sind wirkende Kräfte«; »Kehret wieder, Menschenkinder«; »Magie der Freude«; »Das ABC glücklichen Lebens«; »Sei geheilt!«; »Wer denkt, er kann, der kann!«; »Wegweisende Weisheit«; »Der positive Mensch«, Pforzheim 1970/73.

Sharamon, S., Baginski, B.: »Reiki – Universale Lebensenergie«, Essen 1985.

Silva, J.: »Die Silva-Mind-Methode«, München 1988. »Silva-Mind-Control«, München 1977.

Sogyal, R.: »Das tibetische Buch vom Leben und vom Sterben«, München 1994.

Streuer, M.: »Zauberformel Gedankenkraft«, Genf 1982.
Wattles, W. D.: »Das Gesetz des Reichwerdens«, Friedrichsdorf 1993.
Wilde, S.: »Wunder 2«, Basel 1990.
Wilhelm, R.: »I-Ging«, München 1973.
Yogananda, P.: »Autobiographie eines Yogi«, Baden-Baden 1979.

Zeitschriften

»Neues Denken«, Zeitschrift für Selbstdynamisierung und Bewußtseinserweiterung, Herausgeber: CPS (vorm. Freundeskreis Dr. Joseph Murphy), Morgenrothstr. 13, 81677 München.

Seminare von und mit Peter Kummer

Erlernen Sie in unseren Drei-Tages-Aktiv-Seminaren leicht und mühelos die praktische Anwendung und Umsetzung von geistigen Techniken im täglichen Leben. Wir, mein Trainerteam und ich, vermitteln Ihnen unsere gesamte Erfahrung für Ihre eigene erfolgreiche Arbeit mit den immensen Kräften Ihres Unterbewußtseins, damit auch Sie ab sofort erfolgreicher, wohlhabender, gesünder und glücklicher im privaten, beruflichen sowie im partnerschaftlichen Bereich agieren können.

Angenommen, Sie wollen schmutziges Wasser in einem großen Glas durch frisches, sauberes Wasser ersetzen, so müssen Sie doch zuerst das Schmutzwasser ausschütten, um Platz für das reine, saubere zu bekommen. Auch wir helfen Ihnen zunächst mittels ausgeklügelter Übungen alte Verletzungen, Enttäuschungen und Ängste aufzulösen, bevor wir die Tore Ihres Unterbewußtseins für das Einströmen positiver Affirmationen und Imaginationen weit öffnen. Lernen Sie zuerst mittels dieses »Hausputzes«, wie Sie sich selbst langfristig richtig positiv programmieren können. Lernen Sie in diesen drei Tagen, wie man theoretisches Wissen, Wünsche, Sehnsüchte, Talente und Fähigkeiten in sich selbst entdeckt und sie mittels geistiger Techniken in reale, greifbare Erlebnisse verwandelt. Investieren Sie in sich selbst, und Sie investieren automatisch in Ihre Zukunft. Alle Theorie ist nun einmal grau, erst das praktische »Tun«, das Anwenden, bringt letztendlich Farbe in Ihr Leben. Vergessen Sie drei Tage lang Ihren Alltag und tauchen Sie ein in die fantastische Welt Ihres Unterbewußtseins. Wir freuen uns auf Sie!

Bestell-Coupon

für einen kostenlosen
Seminarprospekt

»Nichts ist unmöglich«

**Bitte in einem Brief mit
frankiertem Rückkuvert einsenden an:**
Peter Kummer
Strandbadstraße 2
D-78345 Moos-Iznang

Bestell-Coupon

für die Unterlagen der Firmenseminare
von Peter Kummer
im deutschsprachigen Raum

**Bitte in einem Brief mit
frankiertem Rückkuvert einsenden an:**
Peter Kummer
Strandbadstraße 2
D-78345 Moos-Iznang

Bitte überlassen Sie mir kostenlos Unterlagen
über Ihre Drei-Tages-Aktiv-Seminare

»Nichts ist unmöglich«

_____
Name

_____
Straße

_____
PLZ / Ort

_____
Datum   Unterschrift

Bitte überlassen Sie mir kostenlos das
Informationsmaterial über die Firmenseminare von

Peter Kummer

im deutschsprachigen Raum

_____
Name

_____
Straße

_____
PLZ / Ort

_____
Datum   Unterschrift

Notizen

Notizen

Notizen

Notizen

Notizen

»Die tiefsten Schichten Ihres Unterbewußtseins bergen unendliche Weisheit, unendliche Macht und unerschöpflichen
Vorrat an Möglichkeiten, Anlagen und Talenten in sich, die
nur darauf warten, Ausdruck zu finden.«   Dr. Joseph Murphy

Peter Kummer   **Monika Junghanns**

Trainieren Sie unter fachkundiger Anleitung ganz gezielt mit
den Kräften Ihres Unterbewußtseins und lernen Sie, wie man
dadurch selbst die hartnäckigsten Probleme in Lösungen
verwandelt.

**Man kann sein Leben weder verlängern noch verbreitern,
aber vertiefen.**

3 Tages-Aktiv-Seminare
in Bad Mergentheim

Information und Organisation:

**Peter Kummer
Strandbadstraße 2
D-78345 Moos-Iznang**